методика интегрального воспитания

СЧАСТЛИВОЕ ДЕТСТВО

ARI

УДК 159.9
ББК 88

Серия «Методика интегрального воспитания»
Счастливое детство. – М.: НФ «Институт перспективных исследований», 2025 – 200 с.

Коллектив авторов: Илья Винокур, Анатолий Ульянов, Татьяна Сандлер, Марат Касимов, Павел Сысоев

ISBN 978-5-91072-048-4

Недавно у меня родился сын. Каждый вечер, возвращаясь с работы, первым делом я подхожу к его колыбели и просто смотрю. Волшебные мгновения. Из них и родилась эта книга. Я так хочу дать ему нечто большее, чем гору пластмассовых игрушек. Нечто большее, чем входной билет в луна-парк под названием «Жизнь». Нечто большее, чем свидетельство в рамке…

Книга эта написана от первого лица, но в действительности за ней стоит целая группа психологов, педагогов и родителей, в сердцах которых живет забота о будущем наших детей. Перед вами захватывающая мозаика новейших научных исследований и практического опыта работы специалистов. И в то же время – нежная и пронзительная повесть о развитии ребенка, начиная с первой мысли о нем и до зрелого возраста. Глубоко и просто, с чувством и знанием дела авторы отвечают на вопросы, не дающие покоя многим из нас: как растить счастливых детей? Как создавать для них атмосферу любви и безопасности? Как готовить их к жизни?

Счастливое детство – это подарок, который надо бережно вручить подрастающему поколению, от всего сердца, ничего не навязывая, но и не упуская. Наше неоперившееся будущее смотрит нам в глаза, и мы не имеем права подвести его.

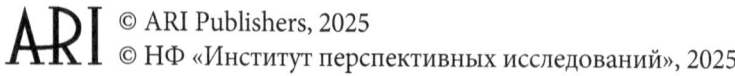

© ARI Publishers, 2025
© НФ «Институт перспективных исследований», 2025

СОДЕРЖАНИЕ

Введение 7
Предисловие 12
   Что же такое интегральное воспитание? 15

ЧАСТЬ 1. ОТ ВСТРЕЧИ ДО РОДОВ 19

Глава 1. Все начинается намного раньше, чем вы думали 20
   Я люблю тебя, потому что люблю себя 22
   Инопланетяне 26
   Выводы 29

Глава 2. С чего начинается человек 30

Глава 3. Подготовка к родам 34
   Что же там происходит на самом деле? 35
   Роль матери 38
   Как можно меньше политики и насилия, как можно больше гармонии и любви 40
   Общайтесь с ребенком, не ожидая, пока он родится 42
   Маленькое педагогическое примечание 44

Глава 4. Рождение и первая связь 46
   Схватки и подготовка к родам 47
   Дополнительные преимущества естественных родов 50
   За кулисами рождения 51
   Первая связь 53
   Кормление – новая связь между матерью и младенцем 55

ЧАСТЬ 2. НЕЖНЫЙ ВОЗРАСТ 61

Глава 5. Воспитание в возрасте 0–3 62
- Непрестанное развитие 63
- Быть рядом с ним как можно больше 65
- Позвольте, а как же отец? 68
- Восприятие мира в возрасте 0–3 69
- Другие средства для развития вашего ребенка 71
- Родительская власть и ограничения 74
- Дети живут позитивом 77

Глава 6. Воспитание в возрасте 3–6 81
- Закладываем социальные основы 81
- Учимся у природы 83
- Миллиарды одиночек 84
- Сыграем? 88
- Личный пример 92
- Девочки – с Венеры, мальчики – с Марса 97
- Друг и учитель 98
- Зависть 101
- Семья как общество 104
- Отношения между братьями 106
- Между образованием и воспитанием 108
- Методика преподавания в детских садах 109
- Никакого насилия 112
- Предметы обучения 114
- Эти разговорчивые зверюшки 115
- Маленькое резюме 118

ЧАСТЬ 3. ШКОЛА ЖИЗНИ 119

Глава 7. Быть человеком 120
- Путь к сердцу ребенка 123
- Обучение жизни 126

Глава 8. Учиться и радоваться 129
  Урок, состоящий из беседы и обсуждений 132
  Учитель – прежде всего воспитатель 137
  Атмосфера в школе: соревнование за вклад в общее дело 139
  Дети решают конфликты 144
  Подход к учебе 147
  Глубокая связь между всеми явлениями без исключения 150
  Совместные трапезы 152
  Родители как партнеры 154
  Разделение на возрастные категории 155
  Старший учит младшего 156

Глава 9. Отличительные особенности возрастных групп 163
  6–9 лет: суждение и анализ по отношению к себе и к другим 163
  Суды для «малолетних» 164
  9–13 лет: в преддверии переходного возраста 168
  Помочь им справиться с беспокойством 169
  Показывать им весь спектр жизни 170
  Зависть, страсть и честолюбие 172
  Подготовка к семейной жизни 173
  Правильное отношение к половому влечению 174
  Мальчики и девочки: когда вместе и когда врозь? 176
  Роль семьи 177
  13–20 лет: выбор профессии и правильное отношение
  к совместной жизни 179
  Выбор профессии 180
  Когда шалят гормоны 183
  Выбор партнера по жизни 185
  Вернуть детям понятие общины 187

Глава 10. Ключевые принципы воспитания 190

ПРИЛОЖЕНИЕ 195

Коллектив авторов:

Илья Винокур — докторант гуманитарных наук, лектор по теме воспитания, писатель, глава отдела интегрального воспитания и менеджер ассоциации «Растем в радости».

Анатолий Ульянов — сертифицированный гештальт-терапевт Европейской Ассоциации Гештальт Терапевтов (ЕАГТ), преподаватель психологии в Высшей школе эстетического воспитания «Краса России», тренер и преподаватель Международной Академии Лидерства, научный консультант многих телевизионных программ.

Татьяна Сандлер — профессиональный практикующий клинический психолог, автор научных работ и исследований в области организационной и детской психологии, Лауреат премии Губернатора ХМАО Югры за лучшую научно-исследовательскую работу среди аспирантов и молодых ученых «Психологические особенности интеграции нравственно-этического и экономического самоопределения подростков».

Марат Касимов — режиссер-педагог театра, актер театра «Школа драматического искусства», практический опыт работы с детскими театральными коллективами, ведение игровых объединительных программ, методист-воспитатель.

Павел Сысоев — аттестованный преподаватель методики интегрального образования и воспитания, методист. Имеет богатый практический опыт работы с группами детей разных возрастных категорий.

ВВЕДЕНИЕ

Несколько недель назад у меня родился сын. Мы назвали его Никитой.

Каждый вечер, возвращаясь с работы, первым делом я подхожу к нему и долго всматриваюсь. В эти секунды, как по мановению волшебной палочки, вся суета жизни, все мысли, заботы и волнения, туманом заволакивавшие мою голову, рассеиваются и исчезают. Сейчас, пускай лишь на несколько мгновений, здесь только я, он и моя жена Наташа.

Я беру малыша у нее из рук и начинаю гулять по комнате, пока жена немного отдыхает после прожитого дня. Новые мысли завладевают мной: «До чего же он изменился с тех пор, как я бросил последний взгляд на колыбельку… Скоро он уже встанет на ноги. Пойдет в детский сад, потом в школу, а там – институт, работа, семья… Какое будущее его  ожидает? В каком обществе он будет жить? Удастся ли мне открыть перед ним дорогу, чтобы он воплотил всё то, чего я ему желаю? Будет ли он счастлив?»

Эти вопросы поднимаются во мне не случайно.

Последние пять лет, параллельно с обучением на докторат, я преподавал в системе просвещения. Я знаком с ней достаточно хорошо. Знаком изнутри. Каждый урок я начинал с того, что смотрел в глаза своим ученикам. Это был скорее мысленный взгляд, о котором они не знали. Я смотрел внутрь, в глубину, стараясь найти, чем заинтересовать их, как достучаться до их сердец.

Не раз по пути домой я недоумевал: каким образом система, основанная двести лет назад для подготовки рабочих на производственных линиях, сможет обеспечить внутренние запросы современных детей? Ведь они живут и дышат интегральными реалиями нового мира, стремительного и глобального. Так много знаний и так мало воспитания…

А с другой стороны, какими средствами располагаем мы, родители, чтобы вывести своих детей на верную дорогу?

…Я хожу с сыном туда-сюда по квартире, напевая что-то нежное. Глаза Никиты уже слипаются, и его сладкий запах, какой бывает только у младенцев, растекается по комнате. А я – я остаюсь со своими мыслями.

С первого же дня профессионального обучения мне было ясно, что это не единственный путь. Я чувствовал, что здесь требуются качественные перемены, что наши дети заслуживают большего. Намного большего. Мысли об их будущем не оставляли меня в покое, и в итоге я целиком посвятил себя этому предмету.

Недавно мне посчастливилось провести профессиональный форум по воспитанию с участием ведущих психологов и социальных работников, а также преподавателей и родителей. Вместе мы отправились на поиски будущего современных детей, чтобы разобраться, как передать подрастающему поколению все то, чего мы так ему желаем. На протяжении десятков встреч каждый делился своим профессиональным и личным опытом, вписывая всё новые штрихи в картину жизненного пути, который предстоит пройти каждому ребенку. Его круг жизни – начиная со знакомства будущих родителей, через время беременности, родов и вскармливания и заканчивая зрелостью – был освещен в новом ракурсе и на новую глубину.

После этих захватывающих бесед я сразу понял: необходимо выпустить в свет всё то, что мы узнали. Тогда я сел и изложил услышанное как можно проще и яснее. Получившийся текст я разослал всем участникам, которые с пониманием и чувством расцветили его своими примечаниями и дополнениями. Так, посредством наших общих усилий, появилась книга, которую вы держите в руках.

Задача этой книги – помочь вам, чтобы вы помогли вашим детям стать счастливыми. Я расскажу вам о тех вопросах, которые ставит перед ребенком жизнь на основных этапах его пути, и предложу глубокое решение для каждого из них, подкрепленное практическими советами и рекомендациями.

Современные дети, на первый взгляд, могут показаться поверхностными и затерянными в виртуальном пространстве, однако в действительности они развиты намного больше нас. В них заложены очень большие желания и огромный потенциал, который они и сами осознают с трудом. Глядя на своих учеников, я ясно это чувствовал. Я чувствую это, даже когда смотрю в глаза своему Никите: это поколение нуждается в иной методике, в новом отношении.

Если мы поможем ребенку понять, что́ с ним происходит на каждом жизненном этапе, если благодаря нам он познакомится с самим собой и со своей средой, если узнает, как правильно наладить контакт с окружающими, – он будет расти счастливым, ощущая стабильность и уверенность. Такой человек выйдет в жизнь подготовленным и сумеет реализовать себя.

Мне бы очень хотелось, чтобы мы сделали нашим детям этот подарок, лучше и важнее которого и быть не может.

Приятного чтения!

Илья

ПРЕДИСЛОВИЕ

«Ни один человек не есть остров, но каждый – часть материка, часть целого. Если в море смоет даже один комок земли, Европа станет меньше, как если бы это был мыс, или поместье вашего друга, или ваше собственное. Смерть каждого человека умаляет меня, ибо я вовлечен в человечество. А потому никогда не посылай узнать, по ком звонит колокол, – он звонит по тебе».

Джон Донн (1572–1631)

Система обучения, представленная в этой книге, называется «интегральным воспитанием». Интегральность – суть взаимосвязанность. В основе этой методики лежит именно связь. Связь между детьми. Связь между родителями и детьми. Связь между системой просвещения (учителя плюс нынешние школьные предметы) и детьми. А на более высоком уровне – связь между всеми нами. Между каждым и каждым. И даже между всеми элементами природы.

Почему нам нужна именно методика, базирующаяся на связи? Потому что связь – это главное, чего нам сегодня недостает.

Больно видеть, как сокращается общение, как чахнет взаимопонимание родителей и детей. Много семей проводят свои немногочисленные совместные вечера перед экраном телевизора, а теплый и проникновенный семейный разговор превратился в несколько холодных односложных ответов с обязательной добавкой: «Оставьте меня в покое!»

В жилых кварталах всё глуше звучит эхо детских голосов, всё меньше пряток и футбола, зато всё больше мерцающих из-за занавесок экранов, на которых одна игра сменяет другую…

Изменилась не только форма игр, но и качество связи между детьми. Всё чаще они признаются в растущем ощущении одиночества, всё чаще испытывают проблемы в обществе. Вот что происходит, когда «дружба» становится эфемерным, виртуальным понятием, лишенным важности и реального смысла, когда самым важным достоянием становится смартфон или планшетник. Выясняется, что новейшие технологии, претендующие на роль посредников и связных между людьми, нередко вызывают обратный эффект, позволяя пользоваться экраном как прикрытием от более глубокой связи.

В современных школах ситуация еще хуже, и каждый учитель может рассказать вам о том, насколько текущая положение дел далеко от красивых слов и принципов, задекларированных в документах Министерства образования и науки. День ото дня поступают пугающие статистические данные о росте словесного, физического и сексуального насилия в среде учеников.

Отчуждение и одиночество входят в нашу жизнь. Супружеские пары всё чаще разводятся, а многие молодые люди вообще не хотят создавать семью. В клубах и барах полно людей, которые сидят вместе, а в глубине души чувствуют себя ужасно одинокими. В нашем поведении слишком много притворства, а наши беседы поверхностны и осторожны… Мы уже привыкли жить вместе, но поодиночке, замкнулись каждый в своем личном пузыре.

Однако всё это – лишь верхушка айсберга, часть более масштабного явления, пожирающего общество. Где-то среди «последних героев» и «зазеркальщиков» мы потеряли самое важное человеческое достояние – социальную солидарность. Утрачено былое чувство плеча и локтя, и иногда мы со страхом признаём: в сложный момент нам просто не на кого будет положиться.

На самом деле подобная ситуация складывается не только в отдельных странах. Пусть это слабое утешение, но речь идет об общемировых тенденциях. Ведь с одной стороны, мир «сжимается» у нас на глазах, превращаясь в маленькую глобальную деревню с общим рынком, общим виртуальным пространством и общей культурой, а с другой стороны, вместе со всей этой глобальностью, отчуждение только растет. Социальные пропасти углубляются и расширяются, а экономические и экологические проблемы нарастают день ото дня. Почему?

Потому что, несмотря на взаимосвязь и взаимозависимость, наши социальные и экономические системы всё еще базируются на эгоистических интересах. Это противоречие, как объясняют ученые, и порождает все те кризисы, которые испытывает мир в последние годы. Яркий тому пример – корысть финансистов, за которую сегодня расплачиваются уже целые народы. Но это лишь один из множества подобных примеров.

ЧТО ЖЕ ТАКОЕ ИНТЕГРАЛЬНОЕ ВОСПИТАНИЕ?

Кризис нашей взаимосвязи – межличностной, национальной и международной – буквально кричит через цифры статистики, заголовки новостей. И потому, основываясь на научных исследованиях и личном профессиональном опыте, мы, авторы этой книги, специалисты по психологии, образованию и социальной работе, а также в области естественных наук, разработали холистическую (т.е. всеобъемлющую, целостную) методику обучения детей современным принципам взаимосвязи. Ведь система образования должна готовить детей к жизни во взрослом мире, где самым востребованным товаром являются теплые, дружеские узы.

По нашему твердому убеждению подлинная задача, стоящая сегодня перед системой просвещения, – это не столько передача знаний, сколько обеспечение детей социальными навыками, которые помогут им преодолеть разобщенность, подозрительность и недоверие в обществе. Чтобы подготовить детей к жизни в глобальном мире, мы должны объяснить им, почему действительность такова, как изменить ее к лучшему.

Методика интегрального воспитания прокладывает этот путь с рождения человека (и даже с предродового периода) до зрелого возраста. Ребенок, обучающийся по этой методике, усваивает правила успеха в мире, который преображается у нас на глазах. А правила просты: сотрудничество, теплая, сердечная связь с товарищами, родителями и учителями, объединение и взаимодействие. Постепенно ребенок учится тому, как заботиться о других, понимать их точку зрения, считаться с их нуждами. Более того, тем самым он учится смотреть на себя самого со стороны, сознавать собственные порывы и подчинять их своей власти. Он знакомится с самим собой, становится настоящим психологом. И тогда естественным образом начинает проявлять свою самобытность – не за счет других, а им на благо.

Но важнее всего, что, изучая пролегающие между нами взаимосвязи, ребенок понимает, – в более глубоком смысле все мы одна семья, членам которой необходимо научиться жить вместе. Когда это удается реализовать в наших контрольных группах, когда детям, родителям и учителям удается нащупать этот момент, все испытывают чувство подъема и удовлетворения, которое не описать словами.

«А как же учеба? – спросите вы. – Как же школьные предметы, учебники, тетрадки?» Разумеется, всё это есть. Однако, как вы еще узнаете далее, всё это доставляет детям намного больше удовольствия – благодаря играм, экскурсиям, обучению младших товарищей и совместным динамичным занятиям, демонстрирующим взаимосвязь изучаемых явлений. Как показывают исследования, отклики на местах, а также наш личный опыт работы с детьми, учителями и родителями из всех слоев общества, интегральное воспитание не только положительно сказывается на ощущениях детей и их отношениях с окружающими, но и повышает их успеваемость.

«Чтобы изменить к лучшему облик общества и восстановить взаимное доверие, мы обязаны начать со школьной скамьи, если не еще раньше», – пишет в газете «Financial Times» Ричард Лэйард, член Палаты лордов, профессор Лондонской школы экономики, основатель и директор Центра экономического развития. «Исправить мир – значит исправить систему воспитания», – написал годы назад великий педагог Януш Корчак. Как же они правы…

Наши дети и сами станут наставниками следующего поколения. Если мы дадим им подобающее воспитание, основанное на тех уроках, которые уже сейчас можно извлечь из современных кризисов, то нам удастся предотвратить дальнейшее скатывание и обеспечить будущее человечества. Исходя из этого, мы и приступили к описанию методики интегрального воспитания. Необходимо проложить для детей надежную дорогу, по которой они пойдут с радостью, наладят между собой отношения любви и взаимного участия. Мысль эта красной нитью проходит через все последующие страницы книги.

ЧАСТЬ 1
ОТ ВСТРЕЧИ ДО РОДОВ

ГЛАВА 1
ВСЕ НАЧИНАЕТСЯ НАМНОГО РАНЬШЕ, ЧЕМ ВЫ ДУМАЛИ

Может быть сначала вам будет трудно отыскать связь этой главы с заявленной темой, но не беспокойтесь. Обещаю: через несколько минут вы согласитесь с тем, чего, возможно, не знали, – воспитание ребенка начинается задолго до рождения и даже до беременности.

Итак…

Ей было 28, ему – 30. Она – рыжеволосая, веснушчатая, маленькая и улыбчивая. Он – загорелый, худощавый, задорный, рост 180. Они познакомились на свадьбе наших друзей, и, как в классической любовной истории, между ними тотчас проскочила «искра».

Спустя четыре года Марина и Алеша поженились. А еще через два года у них родилась двойня.

Со временем наши пути разошлись, но недавно Марина проездом заглянула к нам «на огонек».

– Как там Алеша? – спросил я по недомыслию уже в начале беседы.

– Он в порядке, – неохотно и как-то холодно ответила она. Я сразу заметил, что мой вопрос задел ее. Она попыталась сдержаться, но безуспешно.

– Мы расстались, – сказала она наконец, и в ее больших глазах заблестели слезы. – Пробовали не доводить до разрыва, но это было уже не то.

Насмешка судьбы: перед приходом Марины мы как раз вернулись с золотой свадьбы моих дедушки и бабушки. Как же всё было просто в былые времена! Люди встречались, отводили короткое время периоду ухаживаний и, что называется, шли под венец. А затем рожали детей и жили вместе всю жизнь. Несбыточная, по нашим временам, пастораль…

Марина и Алеша присоединились к длинному ряду наших знакомых, которые вышли из ЗАГСа с галочкой в графе «разведенный». Этот сценарий уже перестал меня удивлять. Оказалось, что он развивается по довольно однообразному шаблону.

Человек ищет себе пару – вторую половинку, которая во всем будет соответствовать ему. Он посвящает этому много времени, иногда очень много. Он упорно разыскивает свою единственную избранницу или единственного избранника. Мы встречаемся, меняем партнеров, пробуем пожить вместе, расстаемся, меняем еще, и еще. И еще… На каком-то этапе мы женимся. У нас рождаются дети. А затем что-то происходит, и спустя несколько лет 60% семьянинов возвращаются на «свободный рынок». Такова официальная статистика.

Сегодня нестабильность – самая стабильная вещь в жизни, в том числе и семейной. После первоначальной «эйфории» приходит скука, причем у молодых людей это случается всё раньше. Когда партнер надоедает им, они без всяких проблем отправляют его в отставку.

Как же всё это сказывается на детях?

Подумайте сами: проникнутая любовью семейная связь – непременное условие счастливого детства. Так чего можно ожидать от зыбких родительских отношений, в которых «напряг» превалирует над всем хорошим, что еще проблескивает иногда лучом надежды? А ведь дети учатся, главным образом, на примере (профессиональный жаргон называет это подражанием). Какой же будет их собственная семейная жизнь, когда они вырастут? Мысли об этом каждый раз рвут меня на части.

Почему это происходит? В чем мы ошиблись? В конце концов, все мы ищем ласки, тепла, поддержки и понимания, все мы жаждем ощущения уюта и безопасности…

Чтобы разобраться с этим, давайте сначала поговорим о психологических причинах нашей неспособности вести счастливую семейную жизнь.

Я ЛЮБЛЮ ТЕБЯ, ПОТОМУ ЧТО ЛЮБЛЮ СЕБЯ

Знаменитый психолог Зигмунд Фрейд писал, что человеком движет желание наслаждаться. Сегодня можно сказать, что развитие этого желания лежит в основе всей человеческой эволюции.

На заре истории наши предки гонялись за дичью, чтобы обеспечить себя пропитанием, – и это полностью их удовлетворяло. В наши дни мы гонимся за сексом, деньгами, уважением, властью и знаниями, но почему-то всё это не делает нас счастливыми. Скорее уж наоборот…

В нас царит безраздельное желание наслаждаться – наслаждаться как можно больше, пускай даже за чужой счет. Именно оно подвигло нас на создание культуры, которая вся выстроена на зависти и соперничестве. Если у меня есть больше, чем у других, – я наслаждаюсь, а если нет – наслаждение блекнет. Согласны?

В результате государству приходится воспитывать маленьких эгоистов, чтобы, став большими эгоистами, они хоть как-то уживались друг с другом. Борьба за место под солнцем, которую раньше не афишировали, обретает свой «почетный» статус. Мало того, в контексте современности ее приходится объявлять «ценностью».

К примеру, в апреле 2010 года на межведомственном заседании президент России Дмитрий Медведев призвал к созданию школы, «которая должна помогать раскрывать личностный потенциал, а не только давать знания, помогать готовиться к условиям жизни в высококонкурентной среде, то есть уметь бороться за себя, уметь реализовывать свои идеи… Каждый человек сам должен заниматься своей карьерой, думать о своем будущем и исходить из того, что ему придется конкурировать с другими людьми… Это – некая смена парадигмы, в том числе, образовательной. И я думаю, – сказал Дмитрий Медведев, – что мы действительно должны в известной степени поменять наши установки, может быть, даже и ценностные установки на эту тему».

На самом деле, президент констатировал уже сложившуюся ситуацию. Нас словно затянуло в вихрь, который всё усиливается. Британский еженедельник «Economist» сравнивает современного человека со спортсменом, который ведет бесконечный забег по электрической беговой дорожке и время от времени, сам того не замечая, повышает скорость ленты. В результате, несмотря на свои «достижения», он вынужден прилагать всё больше усилий.

Профессор Ричард Истерлин из Университета Южной Каролины, один из пионеров «науки о счастье» (есть и такая область исследований), весьма доступно описал сложившуюся ситуацию американскому журналу «Newsweek»: «Мы пленники в замкнутом круге гедонизма. Все мы очень быстро привыкаем к счастью и принимаем его как само собой разумеющееся или сравниваем с тем, что есть у других, а не с тем, что было у нас раньше». В результате, счастливыми мы не бываем практически никогда…

Одним из убедительных примеров этого стало исследование, проведенное несколько лет назад среди студентов и преподавательского состава в Гарварде. Участникам были предложены на выбор две возможности: зарабатывать 50 000$ в год, в то время как остальные буду получать по 25 000$, либо зарабатывать 100 000$ в год, тогда как другие получат по 200 000$. Подумайте, что бы выбрали вы, при прочих равных условиях?

Что касается участников эксперимента, материальные стимулы оказались для них менее важны. 56% остановились на первом варианте. Таким образом, гипотетически эти люди отказались от дополнительных 50 000$ в год лишь затем, чтобы сохранить перевес над окружающими[1].

По-моему, суть ясна: мы хотим не просто наслаждаться, но наслаждаться больше других. Так желание наслаждений и стало двигателем прогресса. Без этого «вечного зова» мы вряд ли выбрались бы из пещер. Однако в своем нынешнем качестве желание наслаждаться за счет других толкает нас к краю пропасти.

К этому краю приближается и семейная ячейка.

Растущие желания отдалили нас от природы. Теперь уже не естество, а окружение диктует нам, как выбирать супруга и с кем показываться на людях. Мужчины стали судить о женщинах исключительно по их внешнему виду, а женщины оценивают мужчин по толщине кошелька. Мы утратили естественное чутье, которое раньше помогало нам найти подходящего партнера. Вместо этого человечество разделилось по половому признаку на два стана, которые ведут друг с другом нескончаемую войну на истощение.

Понятие любви тоже порядком истрепалось. То, что называется сегодня «любовью», скорее напоминает кулинарные предпочтения: я люблю тебя, потому что получаю от тебя удовольствие, как от любимого блюда, пока оно не набивает

---

1 См. Brooks, A. C. (2008). Gross National Happiness. Basic Books: New-York, 121.

оскомину. Как только уровень удовольствия падает ниже критической отметки, я устремляюсь на поиск другого источника наслаждений.

Вот и выходит, что в других я люблю себя. А это, согласитесь, никудышная основа для совместной жизни.

ИНОПЛАНЕТЯНЕ

Однажды жена оставила для меня на дверце холодильника записку с чьей-то цитатой: «Любить можно, только если ты освобождаешь в себе место от себялюбия». Думаю, это самая меткая и емкая формулировка, показывающая, как спасти семью от краха.

Чтобы действительно жить душа в душу, супругам необходимо отыскать в своей взаимосвязи цель, более высокую, чем личное благо. Между ними должны пролегать глубокие и крепкие узы, каких нет даже в обычных семейных отношениях.

Объяснить это можно не только на уровне ощущений, но и в свете научных фактов. Почему мужчины и женщины видят жизнь в столь разных ракурсах? Почему они по-разному мыслят, по-разному хотят, с трудом понимают желания друг друга? Они словно и вправду происходят с двух разных планет.

Вглядевшись чуть пристальнее, мы обнаружим, что причины этого явления заложены в природе. Ведь она тоже разделена на противоположности: положительный и отрицательный заряд, жар и холод, абсорбция и выделение веществ, притяжение и отталкивание… Однако природа не требует, чтобы одна из противоположностей была лучше другой. Напротив, именно равновесие между ними приносит плоды, порождает жизнь. Так же и мы, являясь двумя противоположными природными началами, должны научиться восполнять друг друга, и не только телесно. В этом смысле бездна, разверзающаяся между нами сегодня, – весьма многообещающее явление.

Почему?

Она доказывает, что, несмотря на сексуальное раскрепощение, на целый спектр эмоций и бесконечную свободу в создании связей любых видов и уровней, между нами всё-таки недостает чего-то более существенного. Слишком многие неспособны сформировать устойчивую, долговременную связь, и это свидетельствует о том, что недостаточно объединяться лишь на «животном» уровне. Чтобы сохранить связь двух половинок, необходимо поднять ее выше личного наслаждения.

Нужно понять, что мы неслучайно созданы противоположными, как физически, так и душевно. Нужно отыскать общую цель, бо́льшую, чем мы оба, которая объединит наши «плюсы и минусы». Тогда в своей взаимосвязи мы внезапно раскроем новую жизнь.

Как же это сделать? Как раскрыть между нами любовь, которая окажется выше личных расчетов?

Прежде всего, надо научиться уступать, даже тогда, когда это тяжело. Помимо того, мы стараемся понимать желания партнера и считаться с ними, прежде чем удовлетворять свои собственные. Ведь мы уже знаем, что концентрация на себе гонит нас от одной связи к другой, всегда оставляя привкус неудовлетворенности.

С другой стороны, если мы сменим направленность, если обратимся изнутри вовне и простое самонаслаждение расцветим наслаждением от радости партнера – результаты сразу резко уйдут в плюс. Безгранично наслаждение матери, когда радуются ее дети, – и точно так же нет границ тому наслаждению, что охватывает нас, когда мы несем добро близкому человеку. Более того, это чувство оказывается взаимным и создает между двумя половинками поле любви, усиливающееся по мере того, как они несут добро друг другу.

Когда любовь возвышается над личными амбициями, люди становятся дороги друг другу и обнаруживают внезапно, что только сообща, благодаря особому единству, которое они создали, у них есть возможность подключиться к мощнейшему «генератору энергии», которой сполна хватит на двоих. Ради этого они готовы и дальше уступать друг другу, понимать друг друга, освобождать в себе место друг для друга. И тогда сама природа генерирует силу, которая поможет им побеждать пренебрежение и меркантильность – неизменных спутников человека.

Благодаря этим совместным победам две половинки будут каждый раз заново открывать единое целое, которое они составляют, и приподниматься над трудностями, вместо того чтобы пасовать перед ними.

Подъем над эгоизмом непрост. Честно говоря, это очень сложная штука. Но если вы возьметесь за дело с умом, если подойдете к этому как верные спутники и равные партнеры, то с удивлением и радостью обнаружите для себя цель, ради которой стоит жить вместе.

Ничего не поделаешь, завершается этап «животной» связи между нами. Мы видим это по тенденциям современных взаимоотношений. Впереди новый этап, когда люди будут четко и ясно выяснять для себя, могут ли они жить вместе, связываясь настоящими, глубокими и прочными узами. Тогда и дети будут рождаться в результате объединения душ, а не только тел.

И ребенок, который у вас родится, проникнется атмосферой спокойствия и безопасности. Он будет искренне рад присоединиться и стать полноправным участником вашего чудесного путешествия к вершинам человеческого духа. И то, что вы вместе, как одна семья, почувствуете – уже не описать словами.

ВЫВОДЫ

Если вы еще не обзавелись детьми, знайте, что нет необходимости ждать беременности, чтобы начинать готовить почву для их воспитания. Этой почвой станет уровень, качество связи между вами.

Если у вас есть дети, знайте, что обучать их правильным взаимоотношениям между супругами надо уже со школы. Впрочем, об этом мы поговорим в следующих главах. Не будем забегать вперед: после разговора о взаимоотношениях между нами, давайте рассмотрим следующий этап – подготовку к родам.

ГЛАВА 2
С ЧЕГО НАЧИНАЕТСЯ ЧЕЛОВЕК

Итак, вы решили – хотим родить ребенка. Сама мысль об этом уже скрывает в себе море любви. Ведь если заботы о грядущем пополнении семейства устремят нас к построению соответствующих взаимоотношений, то мы заранее начнем выстраивать любящее окружение для своего чада.

При правильном раскладе, ребенок – это не волевое решение, не ошибка и не случайность. Ребенок – это общий, согласованный шаг родителей к следующему этапу их единения. Более того, именно ребенок делает из пары семью.

Примерно год назад мы с Наташей решили, что время настало.

Помню как сейчас: в 18:23 у меня зазвонил мобильник. На экране высветилось: Наташа.

– Как поживаешь, любимый?
– Всё хорошо, милая. Что нового?
– Илюша, я беременна.
– …

На секунду у меня перехватило дыхание, а потом изнутри окатило волной счастья. Трудно подобрать слова, ведь это было не просто радостное ощущение. Я чувствовал, что мы уже готовы к новому этапу, и что ребенок подоспел точно ко времени. Мы вместе выбрали его. Меня пронзило удивительное по силе и свету предчувствие: наша жизнь меняется к лучшему.

Из знакомства с пренатальной психологией я знаю, что беременность – это очень важный этап и для родителей, и для ребенка. А потому, не успели мы завершить разговор, как у меня в голове побежали мысли о том, чтобы вместе правильно пройти весь путь до родов.

Ошибочно полагать, что пока ребенок «внутри», дело еще не началось. Началось. Еще как началось.

С вашего позволения, я объясню это в нескольких словах.

Человечеству уже шестьдесят лет известно, что соединение отцовских и материнских хромосом создает наше ДНК – наследственную программную информацию о том, каким будет наш внешний вид и характер, наше здоровье и поведение. По данным генетики, в первой же клетке, возникшей после оплодотворения, заложена вся информация о человеке: от физиологических показателей до отношения к жизни.

С момента проникновения сперматозоида в яйцеклетку и до их полного слияния проходит три дня. С этого времени дальнейший рост будет лишь следствием, продолжением базового набора данных. Внутриматочный период, рождение, вскармливание и воспитание – все последующие этапы будут лишь развивать и оформлять изначальные свойства, заданные при первой встрече семени и яйцеклетки.

Иными словами, чтобы обеспечить оптимальные условия для нашего будущего ребенка, мы должны с первых же мгновений беременности позаботиться о тёплом, любящем окружении. Вы удивитесь, узнав, что плод в материнском чреве с самого начала представляет собой нечто большее, чем просто плоть. Сознаёт это женщина или нет, она носит в себе еще пускай не родившегося, но человека. И относиться к нему надо соответственно.

Да, ему еще предстоит немного развиться, прежде чем он вступит с нами в связь, но мы со своей стороны уже сейчас должны прислушиваться к нему, чувствовать, что он здесь.

Предоставим слово профессору Григорию Брехману, акушеру-гинекологу, одному из ведущих мировых специалистов в области пренатальной и перинатальной психологии и медицины: «Сегодня специалисты в данной области относятся к еще не рожденному младенцу как к личности, которая обладает активно функционирующей памятью, а также собственными чувствами и собственным пониманием. Его жизнь начинается с зачатия, а предварительные условия закладываются еще ранее»[2].

Говоря иначе, уже с первого триместра (с первой трети беременности) маленький человек в чреве матери чувствует ее и

---

[2] Григорий Брехман — акушер-гинеколог, доктор медицинских наук, профессор, один из ведущих в мире специалистов в области пренатальной и перинатальной психологии и медицины, процитировал эти слова из Декларации, приуроченной к 17-му конгрессу Международной ассоциации пренатальной и перинатальной психологии и медицины. Григорий Брехман – член президиума этой Ассоциации, член-корреспондент Международной академии наук экологии, безопасности человека и природы, автор более двухсот научных публикаций, обладатель почётного звания «Заслуженный изобретатель СССР».

усваивает от нее информацию. Поэтому, что бы она ни делала, что бы ни думала о нем, что бы ни испытывала – всё это оказывает прямое влияние на развитие плода.

Секундочку. Ведь может быть и так, что мать просто не знает о присутствии плода на столь раннем этапе?

Вот поэтому не ждите положительных результатов проверки на беременность. С того момента, как вы решили быть вместе, начинайте формировать окружение для вашего будущего ребенка. «Окружение» – широкое понятие. Не ограничиваясь вашими взаимоотношениями, оно распространяется на всё, что будущая мама кушает, пьет, думает и чувствует в период беременности.

Об этом замечательно сказала проф. Ривка Яхав, глава Междисциплинарного клинического центра и Школы психотерапии при факультете благосостояния и здоровья Хайфского университета: «Всё начинается не тогда, когда появляется плод, а с того момента, когда родители решают, что хотят ребенка»[3].

Подробнее об этом – в следующих главах.

---

[3] См. на эту тему: Verny, T., & Kelly J. (1982). The secret life of the unborn child. New York: Dell.
Chamberlain, D. B. (1988). Babies remember birth. Los Angeles: Tarcher/Putnam.

ГЛАВА 3
ПОДГОТОВКА К РОДАМ

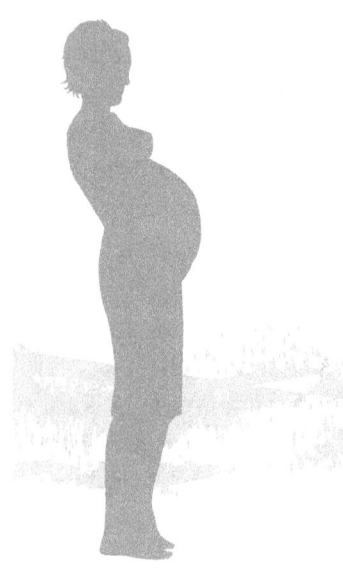

Красивая женщина. Мужчины, что́ проносится у вас в голове, когда я произношу эти слова?

На мой взгляд, настоящая красота – это красота забрезжившего материнства. Нет для женщин прекраснее той поры, и нет ничего изумительнее того процесса, когда две крохотные клетки соединяются друг с другом, чтобы превратиться через девять месяцев в живое создание с двумя парами глаз-озер, с нежной, обворожительной улыбкой и с маленьким сердечком, стук которого ворвется в вашу жизнь, чтобы придать ей новый ритм, новый смысл, новую цель. В беспокойном, но сладком предвкушении вы смотрите на любимую, в которой прямо сейчас свершается таинство природы.

Однако вместе с тем у вас возникает множество вопросов. Что и как влияет на развитие плода? О чем надо заботиться?

Что кушать? Вообще, как провести этот единственный в своем роде период с максимальной пользой для вас и для ребенка? Осуществимо ли это в принципе?

Десятки инструкторов, сотни форумов, тысячи книг и брошюр, десятки тысяч интернет-страниц разбирают эту тему во всех возможных ракурсах. А ведь мы еще не упомянули курсы и семинары, рекламируемые столь изобретательно, что я и сам чуть было не решился рожать… Короче говоря, целая индустрия в поте лица работает, чтобы помочь будущим роженицам. Правда, иногда, после того как облака советов и рекомендаций рассеиваются, клиентки остаются в еще большем смятении. С опаской посматривая в будущее, они теряют свое естественное чутье и интуицию.

Давайте же разберемся – особенно с тем, что роженице и в самом деле важно знать.

ЧТО ЖЕ ТАМ ПРОИСХОДИТ НА САМОМ ДЕЛЕ?

В современной медицине принято делить период беременности на три части (триместра). Каждая из этих третей отличается своим характером и темпом развития.

Наш организм естественным образом отторгает любые инородные тела. Распознав «чужака», иммунная система всеми силами старается «выпроводить» его наружу. Здесь-то и проявляется неповторимая специфика беременности: в женщине растет новое тело, и, за редкими исключениями, организм не отторгает его, а наоборот, всемерно заботится о нем и оберегает «пришельца». Почему?

В ходе внутриматочного развития природа адаптирует плод к беспрепятственному получению информации и питания от матери, несмотря на искру самостоятельности, которая уже теплится в нем. Только так он сможет оставаться внутри, не превращаясь в чужеродный предмет. Только так он позволит маме давать ему всё необходимое для тела и души.

Если приглядеться к этому процессу, мы сможем понять и то, что происходит с нами во взрослой жизни. Ведь в природе ни одна часть не действует во вред другим, ни одна часть не наслаждается страданиями других или превосходством над ними. Исследования в области естественных наук выявляют принцип поддержания взаимозависимости между всеми элементами неживой, растительной и животной природы. Принцип этот является необходимым условием для возникновения и существования жизни на планете. Природа предстает перед исследователями в качестве мудрого механизма, поддерживающего взаимное равновесие и гармонию всех частей[4].

---

[4] Capra, F. (1997). The Web of Life: A New Scientific Understanding of Living System. New York: Anchor, 299. Вот несколько примеров взаимосвязи всех элементов природы.

Неживая природа: силы, действующие в молекуле водорода, создают между собой ковалентную связь. Каждый атом выделяет для этого один электрон. Такая связь устанавливается при равновесии сил тяготения между электронам и ядром соседних атомов, с одной стороны, и сил отталкивания между ядрами и электронами соседних атомов, с другой стороны.

С другой стороны, социальные связи, формируемые в человеческом обществе, совершенно противоположны этому принципу. Человек постоянно сравнивает себя с другими и наслаждается как раз своими преимуществами. Фактически, в природе он является «инородным телом» – а потому не чувствует природу, не понимает ее и постоянно страдает от ее обратной связи.

Как же сменить способ применения нашего эго, чтобы влиться в гармонию изумительной системы, которая нас окружает? Это действительно сложный вопрос. Позвольте мне оставить вас с ним на какое-то время. Обещаю, что мы еще вернемся к нему, поскольку система интегрального воспитания непосредственно затрагивает эту проблему.

А пока давайте вернемся к этапу внутриматочного роста.

Итак, первый триместр наиболее важен для плода. На этой стадии формируются все органы зародыша, а также все его важнейшие свойства и основные черты.

Экология: все живые существа должны «заряжаться» материей и энергией от окружения, и все они производят отходы жизнедеятельности. Однако экологическая система представляет собой целостную сеть и не выделяет отходов, поскольку отходы одного биологического вида являются пищей для другого. Т.о. материя непрерывно перерабатывается живой сетью.

Флора: желтые листья недотроги ограничивают свой рост, чтобы не закрывать солнечный свет соседям. Другой пример: тростниковая овсяница взаимодействует с грибами-эндофитами, что повышает ее сопротивляемость к сухости и повышает в ее тканях уровень токсинов против травоядных.

Организм: каждая клетка и каждый орган тела гармонично взаимодействует с остальными, потребляя лишь насущно необходимое, а в остальном поддерживая здоровье организма. Такая жизнедеятельность обеспечивает гомеостазис, т.е. тонкое равновесие всех систем и элементов.

В течение следующих трех месяцев продолжают развиваться его внутренние системы и органы.

Наконец, последний триместр имеет особое значение для заключительных этапов созревания, когда зародышу важно набрать вес и силу, а также укрепить иммунную защиту.

РОЛЬ МАТЕРИ[5]

Некоторые полагают, что мать отвечает лишь за снабжение плода кровью и питательными веществами, а также за «удаление отходов». И всё. Такой вот простой, механический цикл поглощения и выделения.

Нонсенс. Многочисленные научные исследования уже доказали, что на развитие плода влияет не только ваш распорядок дня и питание, но и то, что вы слышите и чувствуете, о чем думаете и заботитесь.

Д-р Алессандра Пионтелли, детский психиатр, психоаналитик и психоневролог, проследила за одиннадцатью эмбрионами путем ультразвукового сканирования, а затем продолжила наблюдать родившихся детей до четырехлетнего возраста. В своей книге «От эмбриона до ребенка» она пишет: «Моим главным открытием было то, что существует очевидная последовательность в поведении до родов и после них. К тому же, многие младенцы,

---

[5] Состоявшиеся и будущие матери, эта часть посвящена вам и потому обращается к вам напрямую. Отцы, следите за текстом. Важно, чтобы вы знали о том, что проходят ваши жены и дети.

родившись, демонстрируют признаки того, что они подвержены влиянию переживаний, которые испытывали до рождения».

Например, детям, пережившим сложный предродовой период, трудно «отрешиться» от этого или «забыть» свое внутриматочное прошлое. По словам д-ра Пионтелли, в них закладывается внутренняя модель определенной жесткости, задерживающая движение вперед в детском возрасте.

К этому мнению присоединяется немецкий нейробиолог Геральд Хютер, показавший, что переживания плода программируют его память и выстраивают базу для последующих оценок.

Но это только начало. Исследование, проведенное в США, выявило посттравматические симптомы у нью-йоркских младенцев, период вынашивания которых совпал с катастрофой башен-близнецов. Они испытывали беспокойство и плакали намного больше по сравнению с другими детьми тех же матерей, а также с ровесниками, матери которых не испытали на себе катастрофу[6].

Сходное исследование, выполненное в 2005 году, сфокусировалось на последствиях ледяной бури, обрушившейся на канадскую провинцию Квебек в январе 1998 года, и оставившей без света регион с населением более трех миллионов человек. Выяснилось, что дети, пережившие это время в материнской утробе, сильнее страдали от депрессии и страхов, чем их старшие братья и сестры, а также другие дети, родившиеся в Канаде в тот период[7].

---

[6] Paul, A. M. (2010). Origins: How the nine months before birth shape the rest of our lives. New York: The Free Press.

[7] King, S., & Laplante, D. P. (2005). The effects of prenatal maternal stress on children's cognitive development: Project Ice Storm. Stress, 8 (1), 35-45.

Справедливости ради надо заметить, что ученые не забыли и о тех матерях, которые наслаждались радостными переживаниями, покоем и любовью во время беременности. Их дети, как оказалось, связаны с родителями более крепкими узами, проникнуты чувством надежности и обладают высокой способностью к самовыражению.

Иными словами, в период беременности вы должны уделять особое внимание своему душевному состоянию, поскольку оно является основой душевного состояния плода, который в вас развивается. Помните: он ваша часть, одно из звеньев вашей системы. Вся протекающая через вас информация поступает и к нему, чтобы реализоваться в будущем, когда он подрастет.

На этой стадии вы готовите его к появлению на свет и к дальнейшему здоровому росту. Вы для него – связующая нить, канал коммуникации с внешним миром. И потому очень важно, чтобы вы «загружали» себя хорошими, позитивными данными, как можно более ободряющими и приятными.

Например?

КАК МОЖНО МЕНЬШЕ ПОЛИТИКИ И НАСИЛИЯ, КАК МОЖНО БОЛЬШЕ ГАРМОНИИ И ЛЮБВИ

Многие молодые матери расположены к прослушиванию классической музыки в период беременности. Стоит расширить этот подход, используя всё, что позволяет внутренне распахиваться и расслабляться: приятные истории и книги, добрые фильмы, богатые положительными эмоциями. Например, фильмы о гармонии природы и даже научная фантастика в легком исполнении для любителей жанра. С другой стороны, рекомендуется держаться как можно дальше от контента, связанного с насилием и жестокостью, от нервирующей и «трудноперевариваемой» информации, которая может шокировать, расстроить или просто оставить неприятное впечатление.

«Окружение» – понятие очень широкое. Оно включает все факторы, под влияние которых мы попадаем. Как следствие, становится ясно – важна каждая деталь. Мы должны как можно более тщательно выстраивать близкое и далекое окружение матери, выбирая то, что принесет максимальную пользу ей и плоду. Например, очень полезно выходить или выезжать на природу, любоваться ее красотой, вдыхать чистый воздух и заряжаться энергией. Причем чем больше, тем лучше для обоих.

Напоминаю: силы природы оказывают на нас свое влияние, даже если наши органы чувств не могут этого распознать. Электричество, солнечная энергия, излучение мобильных телефонов – вот лишь малая крупица явлений, воздействие которых мы констатируем, но не ощущаем. Аналогичным образом в природе заложены мощнейшие факторы развития, хотя и скрытые от наших ощущений, но весьма эффективные.

Возвращаясь к периоду беременности: сделайте одолжение, поменьше политики и проблем, зато как можно больше позитива и доброго развития человека в гармонии с окружением.

ОБЩАЙТЕСЬ С РЕБЕНКОМ, НЕ ОЖИДАЯ, ПОКА ОН РОДИТСЯ

Еще одна важная вещь: во время беременности представляйте себя и ребенка как одно целое.

Чтобы он развивался оптимально, проявляйте к нему отношение, как будто это не плод, а взрослый человек, которому вы хотите передать сокровенные тайны жизни. Не ограничивайтесь музыкой и красивыми фотографиями, посвятите его в свои мысли и чувства, даже самые глубокие. Ваш ребенок уже сейчас вполне восприимчив и абсолютно готов к этому.

Говорите с ним, пойте с ним, играйте с ним и побуждайте его к отклику. Ведь природа – это единая система, и по ее законам человек, находящийся в материнской утробе, неотделим от человека, который скоро выйдет из нее. Родившись, ребенок не открывает чистый лист, а продолжает развитие, начавшееся в чреве матери.

Пусть это трудно разглядеть, тем не менее, у плода есть всё необходимое, чтобы держать связь с матерью. Начните относиться к нему со всей серьезностью, и вы удивитесь своим ощущениям. Оказывается, физические завесы совершенно не мешают вам обмениваться чувствами. На уровне эмпатии, сопереживания вы нераздельны.

Прикоснитесь к миру будущего ребенка, приоткройте его индивидуальность, протяните к нему ниточку связи, разумом и чувством уловите его отклик и даже его желание – это возможно, если вы сфокусируетесь на нем. Отдайте себя построению правильной жизни для вас обоих – и вы почувствуете его так же, как себя.

Вот что написала д-р Уэнди Маккарти, специализирующаяся на психологии беременности и родов, о ранней способности ребенка к коммуникации: «Наша способность устанавливать связь и усваивать информацию в процессе беременности и родов намного выше, чем принято думать… В процессе беременности, родов и ранних этапов вскармливания мы интенсивно учимся, а также проявляем удивительную чуткость к окружению и взаимоотношениям с ним. Чувствительность, свойственная этому периоду, позволяет нам в большой мере воспринимать мысли, чувства и намерения, осознанно или неосознанно излучаемые нашими родителями и окружающими»[8].

Фактически, если бы мы могли объяснять беременным женщинам, что можно создать такую связь с плодом, если бы начали подготовку еще со школы, то полностью изменили бы лицо общества. Женщины могли бы плодотворнее использовать этап беременности, и это замечательно отражалось бы на их детях. А, кроме того, они научились бы большей чуткости к другим людям. У нас на глазах выросло бы поколение, понимающее не только тесную взаимосвязь матери и ребенка, но и то,

---

[8] McCarty, W. A. (2002a). The power of beliefs: What babies are teaching us. Journal of Prenatal & Perinatal Psychology & Health, 16(4), 341-360; McCarty, W. A. (2004). The CALL to reawaken and deepen our communication with babies: what babies are teaching us. International Doula, 12 (2).

что все люди неразрывно, словно пуповиной, связаны между собой...

По мере того как перед вами явственно будет проступать естественная, глубинная взаимосвязь с ребенком, растущим в вашем лоне, вы интуитивно начнете чувствовать, чтó для него лучше и как правильнее вести себя в этот период. Сама природа обеспечит вам поддержку и сопровождение, если, конечно, вы ей позволите.

А что делать отцу?

Прежде всего, лучше познакомиться с процессом, проникнуть в его внутреннюю суть, осознать его смысл, чтобы играть в нем действительно активную и полезную роль. И тогда – постараться создать вокруг любимой теплую атмосферу любви и участия, чтобы эти месяцы стали идеальной основой для всего, что последует далее.

МАЛЕНЬКОЕ ПЕДАГОГИЧЕСКОЕ ПРИМЕЧАНИЕ

После того как ребенок покинет материнское лоно и подрастет, нам будет намного сложнее достучаться до его сердца. С другой стороны, пока природа побуждает его к беспрепятственному восприятию, как в ментальном, так и в физическом смысле, самое время передать ребенку необходимую информацию, которая заранее обеспечит ему позитивное, гармоничное отношение к вам, к природе и к миру. А это – залог здоровой и счастливой жизни.

Печать материнского окружения будет сопровождать ребенка на протяжении всего периода роста, с младенческих лет до превращения во взрослого человека. Даже если захочет, он не сможет избавиться от родительской призмы, преломляющей его взгляд на мир. Сам не понимая, как и почему, с годами он будет тянуться к определенным вещам и шаблонам, к проявлению определенных реакций, к определенному типу развития – сообразно с тем курсом, который задали родители во время беременности и в первые годы его жизни. Правда, вместе с тем он будет ощущать на себе воздействие окружения: приятелей в классе, во дворе и в различных кружках, СМИ и тому подобное. Они будут клонить его в свою сторону, и все равно его колосок вырос на той почве, которую вы сформировали для него изначально.

Чтобы добиться успеха с будущим поколением, начинать надо с внутриматочного воспитания, а вернее, с подготовки матери и всех, кто ее окружает. Это принесет пользу всем нам. Девять месяцев беременности ценятся на вес золота, ведь в это время вы, родители, закладываете в ребенка основы, на которых будет выстраиваться вся его жизнь. Речь идет о краеугольном камне благополучия не его одного, а общества в целом.

ГЛАВА 4
РОЖДЕНИЕ И ПЕРВАЯ СВЯЗЬ

Ночь перед новой неделей. Десять минут первого.

— Илья, проснись!
— Что?
— Вставай, дорогой.
— Что случилось? Который час?
— У меня схватки.
— А не рановато?
— Илья!

Знакомый диалог? Ты просыпаешься посреди ночи, соскакиваешь (или тебя сталкивают) с кровати, одеваешься и начинаешь истерично искать ключи от машины. Два заранее упакованных рюкзака повисают за спиной, ты распахиваешь дверь и выбегаешь, чтобы подогнать машину к дому.

Не преминув забыть что-то важное в квартире, вы взволнованно мчитесь по городу. Переполненный мыслями и чувствами, ты останавливаешься у входа в больницу. Регистрация – игра на нервах, сопровождаемая вскриками боли. Ну вот, наконец вы внутри. Приключение начинается.

Всякая мать рада рассказать об этом чудесном (во всяком случае, постфактум) событии. Ни у одного отца оно не изгладится из памяти. Но что именно происходит там, за кулисами парадной сцены с цветами?

СХВАТКИ И ПОДГОТОВКА К РОДАМ

Боль. Сильная боль. Так можно подытожить первые часы в родильном отделении. Героиня, на которой ты женился, испытывает такие боли, которые мужчины не могут себе представить, а, по некоторым сведениям, и вынести. Ты лишь смотришь на нее, как контуженный, пытаешься не брякнуть какую-нибудь глупость и дожидаешься следующей передышки.

Вот она наступает, но через несколько минут всё начинается снова. Боль. Сильная боль. И в голове бьется лишь одна мысль: «Как же я ее люблю…»

Многочисленные подготовительные курсы развернуто объясняют важность естественных родов и особенно – важность болей, которые им сопутствуют. И все же мы не всегда в должной мере сознаём значение этого процесса.

А между тем, психология и медицина сходятся в едином мнении: боль привязывает мать к ребенку и формирует характер их будущих взаимоотношений.

Исследования в области биологии и медицины показывают, как природа управляет этим процессом. При естественных родах в мозгу матери, а точнее в гипоталамусе, вырабатывается особый гормон под названием окситоцин, или «гормон любви». Он отвечает за сокращения матки, выведение плаценты после родов, а также за сокращение мышечных клеток при кормлении. Однако этим его функции не исчерпываются. Известное исследование в данной области показало, что если ввести окситоцин в кровь никогда не рожавших мышей, они начинают демонстрировать материнское поведение. И наоборот, когда мышам после родов вводили вещество, блокирующее окситоцин, они переставали ухаживать за своими детенышами[9].

В таком случае, почему бы нам не вводить роженицам окситоцин наряду с анальгетиком? Этим мы избавим их от боли, не нарушив природные процессы...

Идея хорошая, но есть одна проблема. В отличие от животных, окситоцин поступает в мозг женщины, только если она сама вырабатывает его. Защитный механизм блокирует окситоцин, введенный извне, и даже задерживает его естественное высвобождение.

На самом деле, окситоцин представляет лишь одну из трех гормональных групп, связанных с процессом рождения. Ко второй группе относятся эндорфины – естественные обезболивающие, выделяемые в мозгу матери и младенца. Они

---

[9] См. Terkel, J & Rosenblat J.S, «Maternal behavior induced by maternal blood plasma injected into virgin rats» comp. Physio. Psychol. 1968; 65: 479-82.

вызывают в них чувство взаимосвязи и взаимозависимости. Третью группу представляет адреналин, выделяемый в стрессовых состояниях. Он помогает матери и ребенку физически преодолеть родовой шок и даже протянуть между ними первую «внешнюю» ниточку любви, когда младенец открывает глаза.

Сравнив младенцев, чьи матери получали, либо не получали обезболивающее, ученые обнаружили, что после анальгетиков новорожденные с трудом проявляли естественные рефлексы, были вялыми и не могли открыть глаза. В результате их первичная связь с матерью была упущена, а это отражается иногда и на регулярном кормлении после родов[10].

Как насчет кесарева сечения?

При возможности предпочтительнее рожать естественным путем. Ведь помимо всего вышесказанного, преимущество естественных родов доказано и с физиологической точки зрения. Прохождение через родовой канал развивает дыхательную систему ребенка, позволяет ему постепенно адаптироваться к выходу из жизни «в воде» в наш мир, заставляет его задействовать все свои чувства и, наконец, укрепляет иммунную систему – и его, и матери.

Кроме того, из многочисленных исследований последних лет явствует, что естественное рождение снижает вероятность перинатальных заболеваний, вероятность смерти младенца

---

10 Righard, L., & Alade, M. O. (1990). Effect of delivery room routines on success of first breast-feed. Lancet, 336, 1105-1107.

в первую неделю и в первый год жизни, а также вероятность малого веса новорожденного[11].

ДОПОЛНИТЕЛЬНЫЕ ПРЕИМУЩЕСТВА ЕСТЕСТВЕННЫХ РОДОВ

Психология тоже указывает на пользу болевых ощущений при родах. Помимо большого объема информации о состоянии плода и процессе родов, которую они поставляют, сопутствующие им переживания создают более глубокую связь между матерью и плодом. Из части материнского организма он превращается в отдельную, внешнюю сущность. Между ними возникает дистанция, разрыв, освобождающий место для любви и заботы на новом уровне.

Боль, испытываемая матерью, символизирует отрыв от исчерпанного формата взаимоотношений. Рождается не только ее ребенок, рождается новая ступень взаимосвязи между ними. И чтобы ступень эта в дальнейшем правильно реализовалась, процесс ее формирования должен оставить на обоих очень глубокий отпечаток. При обезболивании матери, а главное, новорожденному требуется намного больше времени, чтобы привыкнуть к новой системе взаимоотношений и осознать новое состояние, в котором они оказались. Вот поче-

---

[11] Обзор многочисленных исследований в этой области:
Hotelling, B., & Humenick, S. (2005). Advancing normal birth: Organizations, goals, and research. Journal of Perinatal Education, 14, 40-48.

му так важно, чтобы, несмотря на трудности, мать проходила этот процесс осознанно, насколько это возможно.

С момента рождения младенец должен существовать вне матери, превращаясь во всё более самостоятельную индивидуальность. Вместе с тем, для оптимального развития ему придется отказываться от этой самостоятельности, снова и снова возвращаясь к материнской груди, чтобы получать от нее все физические и ментальные компоненты, необходимые ему в первые годы жизни.

Тема эта действительно сложна, и я обещаю, что мы еще вернемся к ней в следующей главе.

Резюме: нет более здорового процесса, чем естественные роды, которые дарят матери и ребенку всю полноту ощущений, как и задумано природой.

ЗА КУЛИСАМИ РОЖДЕНИЯ

По данным медицины и психологии, родовые схватки в нашем мире указывают на зрелость плода, который уже достаточно развился и готов подняться на новый уровень взаимосвязи с матерью и миром. На заключительном этапе беременности в нем набирает силу самостоятельность, не позволяющая больше пассивно получать от матери всё насущно необходимое. До сих пор плод составлял с матерью единое целое, и потому ее организм не отторгал его. Теперь же он постепенно становится отдельной сущностью, и природа пробуждает в нем позыв к самостоятельности. Перед самым рождением этот импульс делает его «чужеродным телом» в матери.

И вот тогда происходит это удивительное событие: те же силы, которые на протяжении девяти месяцев охраняли плод и заботились о том, чтобы он оставался внутри, становятся теперь «враждебными» к нему, и начинают оказывать давление, которое призвано вывести его наружу. Впервые материнская любовь проявляется по отношению к плоду не в виде защиты и заботы, а как будто наоборот. Но только «как будто». Любовь, проявляющаяся в давлении на ребенка, проводит его «учебной стезей». Участие в этом болезненном и тяжелом процессе закладывает в нем основы, необходимые для преодоления препятствий в последующей жизни.

Таким образом, реализовав внутриутробный этап развития, по ходу которого он был частью матери, плод поднимается на следующую ступень – ступень маленького человека, способного самостоятельного существовать рядом с мамой. Их общее путешествие подходит к концу. Тревоги и волнения, пройденные за это время, сблизили их, однако теперь вся пережитая боль, все трудности отступают перед заключительным мгновением. Вот-вот им предстоит встретиться после долгих месяцев ожидания – и тогда, как в хэппи-энде, они вместе заплачут от прилива чувств и поразятся сценарию, уготованному для них природой – скрытым режиссером этой пьесы.

ПЕРВАЯ СВЯЗЬ

Вернемся в родильное отделение.

Твоя жена кричит и продолжает потуги, хотя не спала уже почти двое суток. «Подвинуть таз! Колени к телу! – командует акушерка. – Дави! Сильнее! Стоп, теперь ногу на плечо. Дави!» Еще один крик. И еще.

И наконец, он показывается: голова, потом плечи. Еще немного – и весь он перед тобой. Акушерка, ставшая такой близкой, предъявляет тебе твоего ребенка. После обрезания пуповины это потрясающее создание бережно укладывается на маму, которая смеется и плачет от счастья.

Всё. Рождение состоялось.

Позже, когда эмоции немного осядут, ты задумаешься о том, что вы пережили, и внезапно почувствуешь огромную ответственность и трепетное уважение к женщинам вообще и к своей личной героине в частности. Удивительно, как человек взрослеет за те несколько часов или дней, которые занимает процесс рождения. Внезапно перед тобой открывается новая перспектива, и ты смотришь на жизнь под другим углом. Признаться, вид отсюда – необыкновенный. Ведь ты изменился, задумался – и твой мир сразу же обрел новую глубину.

Так на чем мы остановились? Ах да, на том, что́ надо делать после родов.

Младенец должен ощутить мать, как только он появился на свет и (в случае необходимости) прошел первичные процедуры. Он должен сразу вдохнуть ее запах и испытать первое в своей жизни кормление, если это возможно. Напутствия здесь просты: как можно меньше вмешиваться и дать природе делать свое дело.

Смотреть на природу и учиться у нее – таков девиз первого периода, следующего за родами. И потому желательно, чтобы ребенок не был отлучен от матери сразу после появления на свет. По возможности, он всегда должен быть рядом с ней. Многочисленные исследования, проведенные в последние годы, подтверждают, что нет ничего лучшего для матери и ребенка, чем вместе провести первые часы после рождения.

Жаннетт Креншоу (Jeannette Crenshaw), президент некоммерческой организации «Lamaze International», опубликовала в журнале «The Journal of Perinatal Education» обзор большей части статей на данную тему, увидевших свет за два последних десятилетия. Ее данные говорят о том, что телесный контакт матери и младенца способствует выделению окситоцина и эндорфинов, помогает регулировать температуру тела ребенка, значительно снижает его плач и улучшает иммунную защиту. С другой стороны, если кожного контакта матери с новорожденным не было, это может плохо отразиться на кормлении и даже на их взаимоотношениях[12].

---

12 См. Jeannette Crenshaw, «Care Practice» #6: No Separation of Mother and Baby, with Unlimited Opportunities for Breastfeeding, «The Journal of Perinatal Education». Lamaze International. 2007 Summer; 16(3): 39–43.

Всемирная организация здравоохранения (ВОЗ) вместе с Детским фондом ООН (ЮНИСЕФ) опубликовали декларацию принципов, содержащую, среди прочего, десять рекомендаций по успешному кормлению. Одна из этих рекомендаций – после родов оставлять ребенка с матерью круглые сутки[13].

Неслучайно в животном мире мать никогда не разлучается со своими детенышами, а если это все же происходит, потом ей очень трудно принять их обратно под свое крыло.

Примечание: *необходимо помнить, что эта книга не является инструкцией на все случаи жизни. В экстренных ситуациях, например, при срочном хирургическом вмешательстве, при какой-либо медицинской необходимости, при наличии угрозы для здоровья или жизни, нужно следовать советам врачей и заботиться, прежде всего, о безопасности роженицы и младенца.*

КОРМЛЕНИЕ – НОВАЯ СВЯЗЬ МЕЖДУ МАТЕРЬЮ И МЛАДЕНЦЕМ

Акушерка положила Никиту Наташе на живот, и вдруг он потянулся вперед, как будто зная, где находится источник его благополучия, к которому он будет успокоено припадать снова и снова в течение долгого времени. Я смотрел на него, по-

---

13 См. «World Health Organization», [WHO] 1998. «Evidence for the 10 steps to successful breastfeeding» (rev. ed, WHO/CHD/98.9). Geneva, Switzerland. А также: UNICEF/WHO. 2004. «Baby-Friendly Hospital Initiative in the U. S. – The ten steps to successful breastfeeding». Retrieved May 31, 2007.

ражаясь мудрости и величию Природы. В отличие от людей, она не пропускает ни одной мелочи и ничего не оставляет на потом.

Кормление имеет первостепенную важность, если, конечно, мать на это способна. Медицина обращает наше внимание на уникальные компоненты материнского молока, а также на неоценимую роль кормления для иммунных систем матери и ребенка. А психология добавляет к этому особую внутреннюю взаимосвязь, которая утверждается при этом между ними.

Кроме того, их связь становится сложнее с физиологической точки зрения: питательные вещества крови матери переходят в молоко, а затем трансформируются в теле младенца и вливаются питательными веществами в его кровь.

А вот еще одна удивительная деталь: ЮНИСЕФ и ВОЗ пришли к заключению, что ради здоровья ребенка и матери эта особая связь должна продолжаться два года![14]

Хотя эту рекомендацию нелегко переварить, за ней стоит целый спектр медицинских и психологических доводов. Недавние научные исследования однозначно подтверждают: продолжительное кормление снижает для ребенка опасность хронических заболеваний, а для матери – опасность заболеть

---

14 В 2003 году вышел в свет документ, декларирующий официальную позицию по кормлению младенцев и маленьких детей. См. World Health Organization, UNICEF, «Global Strategy for Infant and Young Child Feeding». 2003. Ознакомиться с документом можно по адресу: http:whqlibdoc. who.int/publications/2003/9241562218.pdf.

раком матки, яичников и груди[15]. Кроме того, материнское молоко содержит более высокую концентрацию антител именно на втором году жизни младенца.

Вот пример, иллюстрирующий всю важность кормления для новоиспеченной матери. Группа американских ученых обработала данные, полученные при исследовании женщин из тридцати стран. Выяснилось, что если бы каждая женщина в США продолжала кормить своих детей всего лишь на шесть месяцев дольше, чем планировала вначале, то количество больных раком груди в стране понижалось бы ежегодно на умопомрачительные 250 тысяч случаев![16]

А вот еще один факт, о котором вы вряд ли знали: кормление, длящееся дольше года, значительно улучшает социальные навыки ваших детей. Специальное исследование на эту тему выявило четкую корреляцию между длительностью вскармливания и способностью к социальной адаптации, которую родители и учителя наблюдали у детей 6-8 лет. По словам ученых, «существует явная статистическая тенденция к снижению по-

---

[15] По данным исследований, женщины, кормящие своих детей в течение 1-6 месяцев, относятся к группе двукратного риска по сравнению с женщинами, которые продолжают кормление до двух лет. См. T. Zheng, L. Duan, Y. Liu, et al, «Lactation Reduces Breast Cancer Risk in Shandong Province», China, «American Journal of Epidemiology» 152 (2000): 1129–1135. А также: T. Zheng, T. R. Holford, S. T. Mayne, et al, «Lactation and Breast Cancer Risk»: A Case- Control Study in Connecticut, «British Journal of Cancer» 84 (2001): 1472–1476.

[16] Collaborative Group on Hormonal Factors in Breast Cancer, «Breast Cancer and Breastfeeding» : Collaborative Reanalysis of Individual Data From 47 Epidemiological Studies in 30 Countries, Including 50,302 Women With Breast Cancer and 96,973 Women Without the Disease», Lancet 360 (2002): 187–195.

веденческих проблем с продлением периода кормления»[17].

Если эти данные вас удивили, что вы скажете о результатах другого исследования: оказывается, чем дольше длится период кормления, тем выше у человека интеллект. Исследование, опубликованное в 2002 году в профессиональном журнале Американской медицинской ассоциации (Journal of the American Medical Association), охватило 3253 датских респондента и наглядно продемонстрировало: насколько период их кормления превышал девять месяцев, настолько лучше они решали тесты на интеллект в возрасте десяти и двадцати лет[18].

Еще одно любопытное предположение, озвученное в этих исследованиях, говорит о том, что более высокий уровень интеллекта вытекает не из самого факта кормления, а из еще не известных науке свойств материнского молока[19].

К этим исследованиям присоединяются также психологи, которые утверждают, что кормление после года укрепляет связь между матерью и ребенком. Поскольку в большинстве случаев они расстаются в течение дня, воссоединение, сопровождаемое кормлением, наполняет их связь новым

---

17 Fergusson, D. M., Horwood, L.J., & Shannon, F.T. (1987). Breast feeding and subsequent social adjustment in six– to eight-year-old children. Journal of Child Psychology and Psychiatry and Allied Disciplines, 28(3), 379-386.

18 См. Erik Lykke Mortensen, Kim Fleischer Michaelsen, Stephanie A. Sanders, and June Machover Reinisch, «The Association Between Duration of Breastfeeding and Adult Intelligence», «Journal of the American Medical Association», 287, (2002): 2365–2371.

19 A. Lucas, R. Morley, T. J. Cole, G. Lister, and C. Leeson-Payne, «Breast Milk and Subsequent Intelligence Quotient in Children Born Preterm», Lancet 339 (1992): 261–264.

чувством.

Более того, когда ребенок физически выходит из-под непосредственной материнской власти – становится на ноги и играет сам – продолжающееся вскармливание еще больше укрепляет его эмоциональную связь с матерью. Этой добавки иногда недостает тем малышам, которые были лишены грудного молока[20].

Отдаление от мамы и возвращение к ней создает у ребенка чувство дома под ее крылом, укрепляет его изнутри и позволяет ему постепенно выходить в широкий мир, действуя уверенно и самостоятельно. Более того, благодаря этому связь между матерью и ребенком поднимается на новый уровень: теперь вместе с ее молоком он получает также весь ее внутренний эмоциональный заряд.

По различным данным, в первые два года жизни ребенок получает с молоком весь тот физический и ментальный потенциал, который не мог получить от матери в период беременности, – потенциал, который просто не может попасть к нему никак иначе. Находясь в лоне матери, плод послушно получает всё, что способен получить в таком состоянии. Однако на новом уровне их взаимосвязи он способен получать информацию и особые элементы при активном личном участии, и всё это вносит весомый вклад в его внутреннее развитие.

Таким образом, выясняется, что материнское молоко невозможно заменить коровьим или искусственным. И хотя у нас имеются научные данные, подтверждающие медицин-

---

20 Sander, L. W. (1975). Infant and caretaking environment. In E. Anthony (Ed.), Explorations in child psychiatry (129-166). New York: Plenum Press.

скую и психологическую пользу грудного вскармливания[21], в действительности мы не сможем до конца уяснить, какая информация и какие уникальные компоненты присутствуют в молоке матери. Бывает, что у кормящей женщины возникают проблемы, – в таком случае ей нужно сделать всё возможное, чтобы преодолеть их. Если она способна кормить, то для ребенка нет ничего важнее.

Этап кормления рекомендуется завершать в двухлетнем возрасте, известном в психологии как первая ступенька самостоятельности. В это время физические и языковые способности малыша улучшаются настолько, что позволяют налаживать связи с окружением, а не только с мамой. Наряду с этим впервые проявляются его первичные порывы к самостоятельности. Так постепенно начинается новый этап его развития.

---

21 См. например: Nielsen, L., Larnkjaer, A., & Michaelsen, K.F. (2005). Long Term Effects of Breastfeeding on the Infant and Mother. Advances in Experimental Medicine and Biology, 569, 16-23.

ЧАСТЬ 2
НЕЖНЫЙ ВОЗРАСТ

ГЛАВА 5
ВОСПИТАНИЕ В ВОЗРАСТЕ 0–3

Нежные посвистывания и шум выдыхаемого воздуха прорезают комнату. Сразу вслед за тем мужчина, еще недавно демонстрировавший вполне адекватное поведение, начинает издавать странные звуки:

– А-а-а! И-и-и! Х-х-х! Гр-р-р!...

– Ути-ути! Агу-у! – присоединяется к нему голос жены.

Люди, проходящие мимо 11-й квартиры, останавливаются на несколько мгновений и прислушиваются к раздающимся из-за двери звукам, пытаясь понять, что случилось с милой парой на третьем этаже…

Да нет, вообще-то у них всё в порядке. Просто у них родился ребенок, который моментально стал главой семьи. Каждый его звук вызывает взволнованные отклики и небывалое воодушевление. А затем, в один прекрасный день, он и сам начинает откликаться. Сначала к внимательному взгляду присоединяется улыбка, а потом она перетекает в легкий смех. Скоро он начнет складывать слоги в слова, говорить «мама» и «папа», «еще» и «дай». Спустя какое-то время слова сплетутся в предложения, а предложения начнут наполняться смыслом.

Только что он беспокойно двигал руками и ногами – и вот уже ползет, затем встает на ноги, затем идет, затем бежит… Не успеешь оглянуться, как он начнет копировать наши слова и движения, научится вытягивать из нас желаемое, и наконец, потребует от нас измениться…

Впереди нас ждет немало головной боли, немало волнений и вопросов. Почему ты плачешь, малыш? Что у тебя болит? Чего тебе сейчас хочется? Почему ты упрямишься? Как тебя воспитывать? К чьим советам прислушиваться: всезнающей тети Зины или соседки Тани?

На себе испытав родительские заботы и невзгоды, я хотел бы рассказать вам о том, что прокатывается по нашим детям до трехлетнего возраста и как вести себя с ними в этот важный период.

НЕПРЕСТАННОЕ РАЗВИТИЕ

Позвольте мне начать с конца.

Классический подход психоаналитики (основоположниками которой были Фрейд и Юнг), часть подходов, базирующихся на принципе развития, а также немало житейских представлений сводятся к тому, что переживания ребенка в первые годы жизни закладывают его внутренние основы, а также формируют его поведение и отношение к миру.

Значит, в случае опоздания всё потеряно? Как же быть, если мы чувствуем, что упустили время или допустили ошибки в первые годы?

Прежде всего, успокоиться и глубоко вздохнуть. Всегда есть возможность исправить ситуацию. И, опять-таки, стоит напомнить себе, что у психологии есть довольно много подходов…

Например, современные ученые склонны считать, что именно период отрочества обладает потенциалом, способным вызвать внутренние перемены. Эрик Эриксон, автор теории этапов психосоциального развития, один из столпов возрастной психологии, хотя и подчеркивает важность первых лет, однако описывает развитие как процесс, разворачивающийся на протяжении всей жизни.

Наконец, новейшие подходы, такие как психология отношений (relational psychology), утверждают, что поскольку реальность есть результат человеческого восприятия, постольку, изменив свое восприятие, мы вызовем перемены в своем поведении и во внутренних началах.

Похоже на то, что с годами психология признаёт постоянное, непрекращающееся развитие на протяжении всей жизни человека. Таким образом и более зрелый возраст оставляет возможность для исправлений. Меняться никогда не поздно. Неслучайно, только став дедушками и бабушками, мы начинаем понимать своих пап и мам, а также их родителей. Только тогда до нас вдруг «доходит», почему они обращались с нами так, а не иначе. Это понимание формирует в нас новое отношение к жизни и меняет сами основы нашего мировосприятия.

Фактически, в течение всей жизни мы меняемся и развиваемся – и в соответсвии с этим обновляем свои начала. Точно так же, желая добавить этажи к старому дому, мы должны укрепить его фундамент…

А потому в начале этой главы я бы хотел вас успокоить. Методика интегрального воспитания оставляет очень много места для оптимизма: путь открыт, и если человек находится в правильном окружении, он может учиться и развиваться бесконечно.

БЫТЬ РЯДОМ С НИМ КАК МОЖНО БОЛЬШЕ

В большинстве разделов психологии принято подразделять первые три года жизни ребенка на два периода:
• в первый год жизни мама составляет весь его мир;
• в следующие два года, когда с развитием моторных функций он начинает ходить и бегать, в его жизни обозначается противостояние собственных желаний и социальных ограничений.

Если в этот период ребенок будет развиваться правильно, пишет Эрик Эриксон в своей знаменитой книге «Детство и общество», то в нем разовьется способность к надежде, а также сила желания.

Важно помнить, что в первые три года жизни ребенок не может установить серьезную связь с миром. Фактически, до двух лет он как будто по-прежнему находится в материнском лоне, только это – своего рода внешнее лоно. Ведь в ощущениях он еще не отключился от внутриутробного восприятия. Каждый день он получает от матери порцию за порцией, восполняя то, что получал бы, если бы продолжал развиваться в утробе. Многие матери инстинктивно догадываются об этом и потому, несмотря на все дела и заботы, в центре их внимания остаются нужды растущего малыша.

Можно сказать, что в идеале по ходу всего периода взросления ребенок должен находиться в заботливом лоне, расширяющемся вокруг него с течением лет. Сначала это – материнская утроба, а после рождения мать превращается для него во внешнее «прибежище». Затем лоном становится комната, квартира, семья, микрорайон, город, страна… Если бы мы только умели сохранять это обволакивающее ощущение теплоты, если бы оно не исчезало, а ширилось с годами, то наши дети чувствовали бы себя в безопасности. Окруженные любовью, они пропускали бы весь мир через себя, чтобы проникаться всё более сильным ответным чувством. Тогда вся их жизнь была бы естественна, приятна и прекрасна.

А потому, для поддержки в ребенке чувства любящего окружения, матери стоит как можно больше контактировать с ним в первые два-три года, держать его на руках или в слинге – по мере сил и возможностей. Не стоит опасаться привыкания, ведь связь с мамой – самая естественная для малыша вещь. Он должен чувствовать себя так, как будто все еще находится в материнской утробе, ловить ее запах, чувствовать ее прикосновения, нежиться в ее объятиях…

От этого простого контакта ребенок получает огромную отдачу – вещества, крайне важные для его развития. Само собой, со временем он будет становиться всё более самостоятельным, и, тем не менее, матери стоит держаться к нему как можно ближе. Именно возращение в материнские объятия после самостоятельного «похода» – ползком, пешком или бегом – укрепляет связь между ними и правильно готовит ребенка к встрече с широким миром.

Луис Сандер, известный исследователь в области психологии развития, пишет, что успешные возвращения к матери после отдалений от нее имеют важные психологические последствия. Когда малыш знает, что у него всегда есть возможность восстановить прежнюю близость в случае необходимости, он свободно раскрепощает весь свой потенциал.

Что же, теперь и из дома не выйти?

По правде говоря, несмотря на всю сложность, по крайней мере в начале желательно выходить как можно меньше…

В первые три года стоит всеми силами оберегать ребенка от постороннего окружения, и тем более, от среды, которая может выглядеть для него враждебной. Он должен, по возможности, ощущать себя вблизи матери, под ее опекой и защитой. Только в районе трехлетнего возраста он созревает для более широкого «поля деятельности» и начинает прокладывать настоящую связь с внешней средой, развиваясь в социальном плане и по-иному формируя взаимоотношения с матерью.

ПОЗВОЛЬТЕ, А КАК ЖЕ ОТЕЦ?

Здесь, если бы это было возможно, я с радостью перестал бы щелкать по клавишам клавиатуры, набивая текст, и обратился бы к отцам напрямую. Да, это трудно услышать и еще труднее расслышать. В конце концов, я тоже папа…

И все же на протяжении первых лет ребенок воспринимает отца как более отдаленное окружение по сравнению с матерью, как нечто сопутствующее ей. Он, безусловно, ощущает папу, но только через маму, которая постоянно находится в центре его внимания. Разумеется, он узнаёт и других людей, которых видит постоянно, и все же, в отличие от глубокого знакомства с матерью, прочие знакомства носят для него внешний характер.

В любом случае, вы можете утешиться тем, что представляете для вашего ребенка второй по близости круг после вашей жены…

Различные течения в современной детской психологии и психологии развития, представленные Зигмундом Фрейдом, Дональдом Винникоттом, Маргарет Малер и Дэниелом Стерном, описывают абсолютную зависимость младенца от матери и формирование системы их взаимоотношений, основанной на чувствах. Мать и младенец в начальный период его жизни составляют, на профессиональном жаргоне, «первую диаду», а проще говоря, единую систему, единую сущность[22]. Лишь

---

22 См. например: Daniel N. Stern, «The Interpersonal World of the infant»: A View from Psychoanalysis and Development Psychology, Basic Books, 1985.

позднее, пишет Винникотт, отношения в семье уравновешиваются, и отец становится равной стороной семейного треугольника[23].

ВОСПРИЯТИЕ МИРА В ВОЗРАСТЕ 0–3

Итак, чтобы успешно расти и развиваться, первые три года маленький человек живет, словно окутанный туманом, из которого проступает лишь его ближайшее окружение. Фактически, поначалу он почти не способен различать что-либо вне себя. Иными словами, смысл того, что он видит перед собой, – будь то собака, кошка, игрушка, предмет мебели, автобус или даже мама – определяется для него исключительно внутренними ощущениями. На данном этапе ребенок еще не имеет возможности поддерживать с миром двустороннюю связь по принципу «давай и бери» – он умеет только брать. Но с годами он учится также и давать[24].

Проф. Дэни Вольф, специализирующаяся в психологии развития, отмечает, что ребенок начинает понимать ближних в три этапа. До года дети еще не воспринимают других людей

---

[23] Это третий этап в развитии родительского ухода. Описание этапов – см. Winnicott, D. W. (1960). The Theory of Parent-Infant Relationship. International Journal of Psychoanalysis, 41, 585-595.

[24] Brownell, C., & Brown, E. (1985). Age differences, in object conflicts and possession negotiations during the second year. Paper presented at the biennial meeting of the Society for Research in Child Development, Toronto, Ontario, Canada.

как самостоятельные личности. В два года ребенок проводит границы между собственными действиями и действиями окружающих, но только в первом приближении. С началом третьего года он по-настоящему понимает, что другие люди являются самостоятельными[25].

И все-таки, каким образом мы можем развивать его?
Для этого всё нужно начинать с расчета: что ребенку приятно, а что нет? Указывая на определенные вещи, мы говорим: «Смотри, вот это – приятно. А это? Это совсем не приятно. Это – нежная музыка, а это – милая собачка». С нашей помощью всё больше вещей будут вызывать в нем внутренний отклик, и постепенно он начнет понимать, чтó для него хорошо, а что нет. Так мы поможем ребенку развиваться, избавим его от лишних проблем и обогатим его в тех направлениях, на которых он, возможно, не продвинулся бы сам.

Есть знаменитый пример того, что происходит с ребенком, если не объяснять ему мир, в котором он живет. Познакомьтесь: Виктóр из Авейрона.
В 1799 году во Франции, в лесу Авейрон был найден мальчик лет двенадцати, по-видимому, брошенный родителями и долгие годы обходившийся без контактов с людьми. Он не умел

---

25 Wolf, D. (1982). Understanding others: A longitudinal case study of the concept of independent agency. In G. Forman (Ed.), Action and thought: From Sensorimotor Schemes to Symbolic Operations (297-328). New York: Academic Press.

ходить на двух ногах и, разумеется, не говорил. Даже после возвращения в лоно цивилизации он не сумел «очеловечиться» и сохранял животные повадки. Несмотря на все попытки приобщить его к культуре, поведение Виктора оставалось аномальным, а отставание в развитии так и не было преодолено: спустя пять лет он по-прежнему не разговаривал и был лишен основных человеческих навыков.

К сожалению, все «дети-маугли», упустившие возможность развиться в установленные природой сроки, так и не смогли стать полноценными людьми впоследствии. Разумеется, речь идет о крайних случаях, когда связь полностью обрывается.

ДРУГИЕ СРЕДСТВА ДЛЯ РАЗВИТИЯ ВАШЕГО РЕБЕНКА

Психология развития подчеркивает, что в детском возрасте очень важно чувственное восприятие. Оно ложится в основу всех последующих ощущений человека. Вообще, всё наше мироощущение определяется органами чувств. Если мы отточим один из них или притупим другой, наша реальность изменится. А потому развитие органов чувств новорожденного имеет большое значение, и этому стоит посвятить время.

Как делать это правильно?

Желательно позаботиться о каждом органе чувств ребенка. Например, для развития слуха рекомендуется петь ему и разговаривать с ним все время. Нам кажется, что он не понимает, не улавливает, но на самом деле, как раз наоборот. Этот маленький человечек улавливает различные тона, которые мы используем, и с большой эффективностью впитывает всю информацию, попадающуюся ему на пути[26].

Жан Пиаже, один из видных специалистов в области когнитивного развития, относится к младенцу как к любознательному «исследователю», который изучает мир, выдвигает гипотезы, делает выводы и на их основе принимает решения. И всё это – опираясь на опыт тех ситуаций, которые создают для него родители.

Подход Пиаже был дополнен моделями, рассматривающими ребенка как своего рода «компьютер», обрабатывающий данные. Он воспринимает информацию, осмысляет ее, архивирует, воспроизводит и реагирует – сообразно с требованиями окружающего мира.

Наряду с заботой о каждом отдельном органе чувств, стоит также разрабатывать несколько ощущений сразу. Например, показывать младенцу синий или зеленый цвет в сопровождении звука струящейся воды. Можно воспользоваться специ-

---

26   Многочисленные исследования показывают, что младенцы способны распознавать отклики окружающего мира на их поведение, и потому многократно повторяют те или иные вещи. Например, ребенок снова и снова будет смотреть на мать, чтобы она улыбалась ему и говорила с ним. Кроме того, младенцы с очень раннего возраста распознают различные звуки речи. Они достаточно хорошо слышат звуки, относящиеся к диапазону человеческого голоса, включая родительский «щебет», часто заменяющий слова. См. Сероф, Купер и Даэрт, «Развитие ребенка: характер и процесс», издательство Открытого университета, Израиль, 1998.

альными книгами для нежного возраста, в которых имеются вспомогательные аксессуары: шершавая бумага, пушистые поверхности и тому подобное. Недостаточно просто читать ребенку текст, он должен ощутить то, о чем рассказывает книга, – увидеть, услышать, пощупать, понюхать и даже попробовать на язык. И чем больше, тем лучше.

Д-р Джин Айрес, специалист в области психологии развития, участвующая в разработке сферы «сенсорной интеграции», объясняет, что нервные процессы, протекающие в нашем мозге при обработке информации, включают: усиление, подавление, сравнение и связывание различных сенсорных данных интегративным способом. Мозг является своего рода «регулировщиком»: когда ощущения проходят через него в хорошо организованном порядке, он может использовать их, чтобы формировать восприятие, поведение и процессы обучения.

С другой стороны, когда поток чувств не организован, жизнь может стать «пробкой», возникающей в час пик. И потому так важно упражнять детей в обработке самых разных сочетаний сенсорных данных. Действуя таким образом, мы на деле раскроем для ребенка взаимосвязь органов чувств и поможем ему воспринимать реальность в верном, гармоничном ключе[27].

Однако дело не ограничивается одним лишь оттачиванием ощущений. Такое восприятие позволит ребенку относиться к

---

27   Ayers, J. (2005). Sensory Integration and the Child. Los Angeles: Western Psychological Services.

себе самому и к реальности, в которой он живет, как к единому комплексу, очень сложному, но целостному. Он обнаружит, что, несмотря на эту сложность, все детали природы взаимосвязаны и взаимодействуют между собой. Более того, он поймет, что и люди должны поступать так же.

Такое воспитание позволит детям смотреть на жизнь другими глазами. С одной стороны, современный мир будет выглядеть в их глазах «односторонним» и очень узким, поскольку мы показали им, каким наполненным и интегрированным он может быть; а с другой стороны, в них пробудится импульс к развитию, загорится желание ощутить и изучить природное совершенство, простирающееся намного дальше, чем нам кажется сегодня. Дети, воспитанные таким образом, смогут выстроить лучший мир, адекватный современной стадии развития, широкий, любящий и гармоничный.

РОДИТЕЛЬСКАЯ ВЛАСТЬ И ОГРАНИЧЕНИЯ

В психологии есть такой термин: «ужасные двухлетки» (Terrible Twos). В этом возрасте ребенок становится мятежным, начинает сопротивляться родительской власти. И тогда выясняется, что наше любимое чадо надо ограничивать, вводить в определенные рамки. У многих это вызывает дискомфорт, сомнения и тревожные вопросы.

Пределы дозволенного: хорошо это или плохо?

Очень хорошо, если только мы действуем правильно.

Ребенок должен чувствовать четкие границы с самого рождения. Если же мы решим повременить и не сразу начнем приучать его к порядку, это окажется для него неприятным родительским сюрпризом, откровенным произволом, к которому очень трудно привыкнуть. Ведь до сих пор родители позволяли ему всё, и это заложило в нем соответствующий поведенческий шаблон, а также сформировало привычки. Но вдруг мама с папой, ни в чем ему не препятствовавшие, начинают накладывать ограничения и лишать его привычных вещей. Это путает. Очень путает. Ребенку кажется, словно он попал в другой мир, где от него требуется нечто такое, чего он не в силах переварить.

Ребенок просто не понимает – почему это вдруг «нет»? Что значит «нельзя»? Ведь еще совсем недавно всё было разрешено…

И напротив, родительская власть и четкие границы, обозначенные с первых же дней, облегчают ребенку жизнь. Он не чувствует себя угнетенным, а естественным образом понимает, что так заведено в мире: есть законы, и есть система, в которую необходимо вписаться, правильно соотнося получение и отдачу во взаимоотношениях с окружающими. При верной постановке дела ребенок учится этому с радостью.

Многочисленные исследования показывают, что первые впечатления от взаимоотношений по принципу «дай-бери» закладывают фундамент дальнейшей социальной интеграции ребенка, становятся основой диалога и способствуют его будущему включению в общество[28]. Поэтому, хотя в раннем возрасте он еще не может уразуметь эти принципы, все равно ему обязательно нужно получать общее впечатление от вашей реакции на каждое его действие. И так все время.

Вы должны говорить с ним, снова и снова, чтобы он слышал: «это хорошо, а это плохо, это нормально, а это не годится, это можно, а это нельзя» – и так обо всем. А кроме того, надо все время объяснять ему – почему. Тем самым вы не тяготите и не сковываете его, а наоборот, помогаете ему выстраивать границы собственного мира. Такой подход он примет с пониманием.

Способность к самоконтролю и самодисциплине проистекает из отношений матери и малыша в первые месяцы его жизни[29]. Поэтому с самого начала мы должны приучать ребенка к тем вещам, которые ему так или иначе придется выполнять в жизни, начиная с уборки и заканчивая тем, как правильно сидеть за столом во время еды. Выстраивая рамки, в которых он отныне будет жить, мы ограждаем его от больших страданий в будущем. А иначе он будет чувствовать себя так, словно мы поместили его в тюрьму.

Клинический психолог Роберт Брукс вместе со специалистом по нейрофизиологии и детской психологии д-ром Сэмом Гольдштейном пишут об этом так: «Необходимость развивать

---

28 Schaffer, H. R., & Crook, C.K. (1980). Child compliance and maternal control techniques. Developmental Psychology, 16, 54-61.

29 Feldman, R., Greenbaum, C.W., & Yirmiya, N. (1999). Mother-infant affect synchrony as an antecedent to the emergence of self-control. Developmental Psychology, 35, 223-231.

самодисциплину обязательна в любой культуре, однако намного важнее для общества, в котором изобилуют сложные требования, вызовы и напряжение. Дети, которые привыкнут к самодисциплине с ранних лет, будут лучше действовать в нашем скоростном, отчасти хаотичном мире, маневрируя в семейном лабиринте, в школе, среди товарищей и в широком окружении. Ребенок, в раннем возрасте усвоивший определенный набор законов, сумеет действовать взвешенно и осознанно, даже когда рядом нет родителей или воспитателя... Многочисленные исследования показали, что дети, способные отвергать наслаждения, вступив во взрослую жизнь, намного лучше устраиваются в ней по сравнению со своими более импульсивными сверстниками»[30].

ДЕТИ ЖИВУТ ПОЗИТИВОМ

Если уж мы начали говорить о границах, то вот еще одно правило для запоминания: ребенок растет не на негативе, а на позитиве. А потому не жалейте ласки и тепла и показывайте как можно больше положительных примеров. Если он почувствует, что мы ограничиваем его бережно, мягко и с любовью, если поймет, какую пользу несут ему эти рамки, он примет их и привыкнет к ним без лишних проблем.

А как насчет наказаний?

---

[30] Brooks, R., & Goldstein, S. (2007). Raising a self-disciplined child: Help your child become more responsible, confident, and resilient. New York: McGraw-Hill.

Ответ отрицательный. Наказаниям нет места. Да и смысла в них нет, ведь на данном этапе ребенок еще неспособен осмысленно связывать наказание с собственным действием.

По правде говоря, даже когда ребенок понимает, за что наказан, это не приносит никаких положительных плодов. «Быстрые и как будто бы положительные результаты наказаний убеждают родителей и учителей, что это эффективное решение, – пишет психолог д-р Элиэзер Ярив, специализирующийся в сфере воспитания. – Однако многочисленные исследования демонстрируют, что воззрения эти базируются на иллюзии. Даже если помехи в поведении прекратились на короткое время, скорее всего за эти последует еще большее непослушание».

Сразу же после наказания в ребенке пробуждаются отрицательные эмоции: страх, агрессивность, гнев, желание отомстить и тому подобное. «Плохое поведение и наказание – это не взаимоисключающие противоположности – напротив, они подпитывают и укрепляют друг друга», – заключает специалист по детской психологии и известный писатель проф. Хаим Гинот.

Что же тогда делать?

Вместо наказаний надо прививать ему правильные привычки – так, чтобы они возникали из подражания взрослым.

А что если ребенок откажется их принимать?

Здесь всё зависит от нас. Если мы будем действовать правильно, всё пройдет как по маслу. Ведь дети по природе склонны копировать старших. Само собой, начинать нужно понемногу. Например, если вы хотите, чтобы ребенок сидел вместе с вами на семейной трапезе, не стоит с первого же раза проводить ее в полном объеме. Важно, чтобы, сидя за столом, он почувствовал, чего вы от него ожидаете, и начал проникаться верным отношением. А вы каждый раз будете поощрять и хвалить его, постепенно закрепляя нужные навыки.

Если он увидит, что взрослые поступают именно так, если мы дадим ему понять, что это действительно хорошо, – постепенно он будет приучаться к этому, не объявляя войну родительским требованиям. Его природа подключится к процессу и начнет усваивать правильные шаблоны.

А если ребенок все-таки сделал что-то плохое?

Следует вместе вернуться к случившемуся и объяснить его. Ребенок должен понять нежелательность содеянного. По возможности стоит воспроизвести плохой или неудачный поступок (если, конечно, ребенок не ударил кого-то) – например, заново уронить на пол стакан (на этот раз пластиковый), а затем показать или вместе найти решение проблемы: поставить стакан подальше от края стола.

И так снова и снова. Ни ребенку, ни нам не помогут бесчисленные нотации о том, как плохо он поступил. Необходимо погрузиться с ним в ту же ситуацию, пережить ее вместе с ним, и лишь потом объяснить, как надо вести себя в данном случае.

Только так он поймет и осмыслит наш посыл. Инстинкт подражания, заложенный в нем природой, сделает свое дело.

Что если ребенок сделал что-то хорошее?

Очень важно поддержать его в этом. Не «жадничайте», изумляйтесь вновь и вновь. Не просто так Фредерик Скиннер, знаменитый поведенческий психолог, пишет, что только положительные стимулы, идущие от окружения, помогут ребенку исправиться и снова вести себя хорошо[31]. После любого правильного действия ребенку необходимо чувствовать, что окружение ценит его.

Мы не имеем реального представления о том, какую значительную роль играет окружение в жизни ребенка (да и взрослого тоже). А ведь в начальный период именно мы, родители, составляем основную часть окружения наших детей. Правильно воспользовавшись столь удачным «стечением обстоятельств», мы сумеем вместе с ребенком пройти этот непростой отрезок пути, сделав его замечательной подготовкой и основой правильного отношения ко всей дальнейшей жизни.

---

31 Skinner, B. F. (1948). Walden Two. New York: Macmillan.

ГЛАВА 6
ВОСПИТАНИЕ В ВОЗРАСТЕ 3–6

Еще в глубокой древности существовал обычай обучать детей грамоте с трехлетнего(!) возраста. Это связано не только с традицией. Причины столь раннего начала кроются глубже, они обусловлены законами психологии и развития.

Чем отличается этот возраст? Почему так важно не упустить момент и приступить к воспитанию детей именно по достижении трех лет?

Все ответы – в этой главе.

ЗАКЛАДЫВАЕМ СОЦИАЛЬНЫЕ ОСНОВЫ

Хотя мы и делим свою жизнь на периоды, на самом деле природа – это единая, цельная система, управляющая жизненным процессом гармонично и единообразно.

Как мы уже знаем, некоторые элементы ребенок получает, только будучи зародышем в материнском чреве, а другие элементы – лишь во время вскармливания. Аналогично этому, некоторые компоненты ребенок может получать только от окружения, когда впервые вступает с ним в осознанный контакт. Наступает этот момент в возрасте двух лет, а к трем годам закрепляется.

Согласно различным школам психологии, с трехлетнего возраста в малыше начинаются существенные перемены: он созревает для выхода в общество. В нем крепнет желание играть с другими детьми, брать у них и давать им что-либо, водиться с ними, ощущать их. Он больше не удовлетворяется любопытным созерцанием образов, которые кружат вокруг него[32].

«В детсадовском возрасте возникает настоящая дружба в группе равных (сверстников – прим. автора). Эта способность выстраивать отношения с равными членами группы расширится и улучшится в годы посещения детского сада, – пишут Сероф, Купер и Даэрт в одной из фундаментальных книг по психологии развития. – Отношения между равными в группе становятся отныне центральной ареной развития и проявления новых способностей».

Период 3–6 лет очень важен для развития ребенка. В эти годы для нас словно открывается окно возможностей, чтобы мы успели заложить в ребенка верные основы социальных взаимосвязей. Но прежде всего, нам надо понять, что́ это за верные основы. И потому надо внимательнее присмотреться к системе, в которой все взаимосвязи гармоничны и верны. Речь идет о природе.

---

32   DeHart, G., Cooper, R., & Sroufe, L.A. (2004). Child Development: Its nature and course (5th edition). New-York: McGraw Hill.

УЧИМСЯ У ПРИРОДЫ

Начнем с маленькой ассоциативной затравки: что приходит вам в голову, когда вы слышите слово природа? Море? Деревья? Камни? Животные? Всё верно, но это лишь отдельные элементы общей системы. Окинув ее взглядом, мы увидим, что природа не исчерпывается камнями, флорой и фауной.

Природу базируется на закономерности, посредством которой все элементы общей системы функционируют четко и слаженно, «тикают», подобно идеально настроенным часам. Эта закономерность объемлет всю действительность и стремится привести все ее части к равновесию и гармонии.

Чтобы понять немного больше, давайте приглядимся к самой близкой нам природной системе – к человеческому телу.

Знаете ли вы, что тело взрослого человека состоит из десяти триллионов клеток? Если выстроить их в одну линию, то они обогнут Земной шар 47 раз!

Спросите любого врача, благодаря чему наше тело сохраняет здоровье? Ответ будет прост: благодаря взаимодействию и гармонии между всеми клетками. Ни одна из них не скажет соседям:

– Ребята, что-то неохота мне сегодня вкалывать.

Наоборот, чтобы поддерживать здоровье тела, каждая клетка действует на благо общей системы.

Гармония, царящая между клетками, превращает тело в потрясающий, совершенный механизм. И наоборот, здоровое тело обеспечивает здоровьем каждую отдельную клетку.

Но это еще не всё! Благодаря особым взаимоотношениям между клетками, каждая из них приобщается к более высокой ступени сознания и гармонии, которую они создают вместе. Каждая клетка живет не только своей личной жизнью, но и жизнью всего тела в его здоровом, равновесном состоянии.

И это только начало. Функционирование клеток отражает закономерность, свойственную всем природным взаимодействиям: устойчивость любой живой системы зависит от взаимоотношений между ее компонентами. Всё подчинено этому принципу: от поразительных механизмов сосуществования в колониях бактерий и муравейниках до социальных отношений морских звезд, бобров, аистов, слонов, дельфинов и прочих. Буквально все существа в воздухе, воде и на суше получают от окружения лишь то, что необходимо для их существования, а в остальном действуют на благо общности.

А что же мы, люди?

МИЛЛИАРДЫ ОДИНОЧЕК

В основе системы межличностных отношений в современном мире лежит эгоизм, который с годами лишь возрастал, а в наши дни вознесся до небес. С его помощью мы добились невероятных успехов, но взамен он заставляет нас соперничать друг с другом и разверзает в наших сердцах бездонную пустоту, которая методично и неумолимо обрывает каждую тёплую человеческую нить, которую мы пытаемся протянуть от сердца к сердцу.

Эгоизм порождает в нас чувство отрыва, взаимной отдалённости, и заставляет использовать окружающих для удовлетворения личных нужд. Вот и выходит, что в современном мире отчуждение и одиночество стали нормой. Мы привыкли жить вместе, но врозь, замыкаясь в своих личных неприступных пузырях. «Именно сегодня, когда наука обнаруживает решающую важность укрепления отношений, – отмечает известный писатель и психолог из Гарварда д-р Дэниел Голман, – взаимосвязи между людьми напоминают всё усиливающуюся блокаду».

В большинстве случаев пространство общения родителей с детьми весьма ограничено. Супруги проводят свои совместные часы перед телевизором. Кафе, клубы и бары полны посетителей, которые, хоть и сидят вместе, но в глубине души чувствуют себя очень одинокими.

Каждый год дети рождаются в мире, где всё больше средств производства пищи, всё более скоростная связь, всё более прогрессивная медицина, всё более удобный транспорт. На первый взгляд, такой чудесной жизни не было ещё никогда. Однако чем более развито приходящее в мир поколение, тем менее оно удовлетворено. Специалисты-психологи свидетельствуют, что число людей, страдающих от депрессии, растёт год от года, а возраст суицида, наоборот, снижается. Депрессия становится «тихой эпидемией», распространяющейся по всему миру и никого не оставляющей без внимания[33]. Выясняется, что если ты более развит, то совсем не обязательно более счастлив...

Но может, все-таки нам разойтись подальше и жить спокойно в своей скорлупе? Однако намерения природы немного иные. Глобализация, к которой природа настойчиво нас толкает, оплетает нас единой сетью во всех областях: политической, экономической, социальной, экологической, культурной. Она не позволяет нам оставаться разъединенными.

Создалась удивительная ситуация: с одной стороны, крепнущий эгоизм разделяет нас ненавистью и равнодушием, а с другой стороны, нас тяготит атмосфера «мировой коммуналки» с ее удушающей зависимостью от слишком многих людей, которых мы в глаза не видели и, вероятно, никогда не увидим.

---

33 По данным Всемирной организации здравоохранения (ВОЗ), депрессия занимает второе место в общемировом списке факторов смертности в возрасте 14–45 лет. ВОЗ называет депрессию «тихой эпидемией», поскольку примерно 20% населения мира по крайней мере один раз в жизни испытали клиническую депрессию. Этот показатель постоянно растет.
Сегодня уже ясно, что каждому десятому ребенку в мире предстоит испытать детскую депрессию на себе. Десятки процентов смертей среди детей и подростков напрямую или косвенно обусловлены депрессией. Растущая частота подобных случаев в среде молодого поколения заставила власти США объявить текущую декаду «десятилетием вызова» в сфере диагностики и лечения детской депрессии. Вместе с тем, как показывают исследования в данной области, нельзя с определенностью утверждать, что психологическая и психиатрическая терапия поможет предотвратить депрессию среди молодых в долгосрочной перспективе. См. Sally N. Merry and Susan H. Spence, «Attempting to prevent depression in youth»: a systematic review of the evidence, «Early Intervention in Psychiatry» 2007; 1: 128–137.

И в то же время мы уже чувствуем, понимаем, что в одиночку нам никак не прожить.

Средства связи, возникающие и развивающиеся в наши дни, во многом отражают эту сложную двойственность: мы хотели бы быть вместе с миром, мы ищем контакта и тепла, – но не выходя из-за экрана компьютера или через окошко мобильного телефона… Новейшие технологии не объединяют нас по-настоящему, а лишь позволяют подключаться из «бункеров», в которые мы вросли намертво.

И именно эта разобщенность, обостряющаяся со временем, обнажает нашу потребность в подлинном единстве. В таком единстве, достичь которого можно, только модернизировав нашу взаимосвязь, сделав ее глубокой и неразрывной под стать природе. В конце концов мы существа общественные, а значит, не сможем вечно жить врозь. Рано или поздно нам придется отыскать путь к гармонии и протянуть между нами узы любви. На это и должно быть направлено воспитание детей. Ведь мы хотим вырастить их счастливыми…

Как же это сделать?

Перед вами набор средств для построения другого общества, которое будет жить по принципу «человек человеку – человек» и обеспечит всех нас теплом, безопасностью, спокойствием и любовью.

СЫГРАЕМ?

Игры, игры и еще раз игры. Если слова – это язык взрослого, то игры – это язык ребенка. Неслучайно сотни профессоров и тысячи специалистов сидят в исследовательских институтах и получают огромные зарплаты за то, чтобы придумывать всё новые детские игры. Игры развивают детей. Игры – это естественный способ обучения.

Более того, игры формируют в детях определенные модели поведения и отношения, демонстрируя примеры, которые тут же переносятся в реальную жизнь. Говоря иначе, от этих игр зависит, как наши дети будут расти, и как они в дальнейшем будут относиться к другим.

Какими должны быть правильные игры?

Разумеется, игра должна не только доставлять удовольствие, но и давать ребенку верный курс. Как объясняет мировой эксперт по играм проф. Терри Орлик, игра – это не только игра. Это еще и урок жизни. А потому, вместо того чтобы с юных лет учиться соперничеству, дети должны объединяться в игре ради достижения общей цели.

«Бо́льшая часть проблем, с которыми мы сталкиваемся в семье, в личных отношениях, в играх, в школе, на работе, в обществе, и вообще в мире, – пишет проф. Орлик, – связаны с отсутствием взаимной заботы, взаимоуважения и сотрудничества». Вот почему так важно с раннего возраста возвышать эти ценности посредством объединяющих игр. Иначе мы продолжим возносить в их глазах успех одиночки, достигнутый в отрыве от других или за счет других. В итоге у нас вырастет еще одно поколение, специализирующееся на расталкивании локтями и растаптывании каблуками, вместо любви и заботы[34]. Разве не жаль?

Каковы важнейшие принципы построения игр?

1. В каждом мероприятии, в каждой игре должен сквозить ясный принцип: общество – стоящая вещь, даже с эгоистической точки зрения. Если к игре присоединяется еще один приятель, тем лучше для меня. В одиночку мне не добиться того, чего я добьюсь вместе с другим. Если в игру включается третий, то наши силы возрастают еще больше, а значит, и я достигну большего. И так далее.

2. Ребенок должен понимать, что с помощью товарищей он добьется того, чего никак не достичь в одиночку.

Да, спросите вы, но как быть с естественным желанием состязаться и быть первым?

3. Позыв к соперничеству надо направить на совместное групповое противоборство какому-то внешнему фактору – механическому, а не человеческому. Можно, например, поставить перед детьми проблему, преодолеть которую они смогут только вместе. Можно бросить им вызов в виде командной игры наперегонки со временем. Можно выстроить целый маршрут, который потребует от каждого из них применить

---

[34] Orlick, T. (2006). Cooperative games and sports: Joyful activities for everyone (2nd Ed.). Champaign IL: Human Kinetics.

свои уникальные свойства ради успеха группы. И всё это для того, чтобы ребенок почувствовал: вместе намного лучше, чем врозь. Он должен знать, что поддержка и забота окружения поможет ему преодолеть все препятствия, не затушевывая, а наоборот, выделяя ярко его исключительность.

Нет, это вовсе не повредит личному развитию ребенка. Наоборот, такие игры позволят ему спокойно и уверенно самовыражаться в группе, проявлять свою уникальность и реализовывать ее на общее благо. Правильное групповое взаимодействие учит детей тому, что они не могут преследовать только свои интересы, и помогает им выстраивать взаимоотношения.

«Совместные игры и игры на сотрудничество, – пишет проф. Орлик, – являются идеальным средством по укреплению в детях навыков кооперации, взаимной заботы и командной работы… При помощи таких игр они учатся делиться, ассоциировать себя с другими, заботиться о чувствах других, помогать друг другу, вместе работать на пути к общей цели, лучше ладить между собой и получать удовольствие в компании друг друга… Сам факт того, что дети вместе действуют ради общей цели, вместо того чтобы соперничать друг с другом, сразу же обращает разрушительные реакции в полезные»[35].

Если всего этого не достаточно, обратите внимание вот на что: недавно были опубликованы итоги грандиозного исследования, в котором принимали участие десятки ученых по

---

35 Там же.

всему миру. Это исследование подытожило все предыдущие изыскания, проведенные за последние 110 лет в сфере интеракции между детьми в возрасте от трех лет и выше. Результаты однозначно продемонстрировали: растущее применение методики совместного обучения, базирующегося на социальной взаимозависимости, – одно из самых успешных начинаний социальной и педагогической психологии. Полученные данные показывают, что работа в группе вносит ни с чем не соизмеримый вклад в достижения детей, в их душевное здоровье и в создание позитивных межличностных отношений в их среде, а также повышает в них чувство собственного достоинства. Иными словами, именно когда мы вместе, каждому комфортнее с самим собой[36].

Хотите примеры? Сообразно с возрастом детей, можно поиграть в такую игру: одному ребенку завязывают глаза и ставят перед ним задачу добраться до определенной цели сложным маршрутом, на котором ему не обойтись без помощи товарищей. Можно на время собирать сложный пазл: сначала каждый делает это сам, а затем за дело берется вся группа. Так детям становится ясно, что действовать сообща и быстрее, и приятнее. Можно играть в такие игры, где дети дополняют друг друга: один подставляет руку, другой – ногу, третий – плечи, а результате им удается совершить успешное восхождение.

---

36 David W. Johnson, Roger T. Johnson, «An Educational Psychology Success Story»: Social Interdependence Theory and Cooperative Learning, «Educational Researcher» 2009; 38; 365.

Думаю, послание понятно. Не нужно громить и сокрушать других, чтобы почувствовать себя хорошо. Как раз наоборот: если я выстраиваю правильные взаимоотношения с обществом, оно становится для меня щитом, помощью, оно вселяет в меня уверенность и придает мне чувство локтя. Это очень здорово, если всегда есть на кого положиться. Так ребенок обретает счастливое детство, и как следствие – счастливую жизнь, базирующуюся на взаимном поручительстве и любви.

Если же я не формирую правильную связь с обществом, то терплю ущерб.

Это послание постепенно проникает в менталитет и в поведенческие модели детей, и потому повторять его стоит снова и снова, в самых разных формах.

А теперь давайте поговорим чуть больше о вас, дорогие родители детей 3–6 лет.

ЛИЧНЫЙ ПРИМЕР

Недавно мне прислали короткий клип о воспитании.

Кассир (крупным планом), скучая, отбивает товары. Постепенно к ее кассе выстраивается очередь. Внезапно одна женщина из очереди чувствует удар по ноге сзади. Она не реагирует, но удары повторяются. Обернувшись, она видит маленькую милую девочку, которая стукает ее по ногам с каждым «бипом», который доносится от кассы. Ошарашенная женщина обращается к матери:

– Не собираетесь ли вы сделать что-то!?
– Вовсе нет, – отвечает мать. – Я воспитываю ее таким образом, чтобы она сама находила границы дозволенного, без вмешательства с моей стороны.

Довольная девочка показывает шокированной женщине язык. Очередь медленно продвигается. И тут парень, стоящий позади матери, вываливает целую пачку йогурта ей на голову.

– Меня тоже воспитывали неавторитарным методом, – говорит он. – Я тоже сам устанавливал себе границы.

Занавес.

Два основных подхода господствуют сегодня на рынке книжных советов растерянным родителям. Первый подход, в соответствии с клипом, гласит, что ребенку нужно предоставлять свободу: пускай сам выбирает, как вести себя в каждой ситуации. Другой подход, напротив, рекомендует задавать ребенку четкий распорядок дня, предъявлять ему требования, не прощать «долги» и вводить в строгие рамки.

Что же верно?

По правде говоря, ни то, ни другое.

В наши дни бессильны нравоучительные наставления типа «Как тебе не стыдно», пускай даже сопровождаемые характерными движениями указательного пальца. Они лишь вызывают в ребенке сильнейшее внутреннее сопротивление. Неверно будет также предоставлять ребенку абсолютную свободу.

Мы воспринимаем реальность на контрастах, через противоречия: тепло и холод, добро и зло, любовь и ненависть, вред и польза. А потому, развивая лишь одну сторону шкалы, например, давая ребенку свободу, – мы помешаем ему проявлять в себе противоположные свойства и суждения, относящиеся к другой стороне шкалы.

По мнению психологов, придерживающихся авторитарного подхода, в воспитании ребенка необходимы две «вожжи»: строгость и снисходительность. Нужно поощрять его, когда это возможно, быть чуткими к его нуждам, дарить ему тепло и любовь, создавая тем самым надежную эмоциональную базу, но также проводить четкие границы и даже наказывать его в случае необходимости, чтобы он боялся и остерегался – не самого наказания, а плохих поступков, которые могут навредить ему в жизни[37]. Далее мы еще поговорим о непростом понятии «наказания». Не беспокойтесь, я помню, что несколькими главами ранее выступил против него.

В целом, правильный подход к воспитанию детей можно охарактеризовать в двух словах: личный пример.

Родители, надеюсь, что вы в курсе: ребенок постоянно наблюдает за нами, учится у нас, и в дальнейшем будет подражать всему, что видит. А видит он многое. Это подражание, свойственное как нам, так и животному миру, играет для детей особо важную роль. Исследования показывают, что в раннем возрасте, когда ребенок

---

[37] См. например: Baumrind, D. (1996). Effects of Authoritative Parental Control on Child Behavior. Child Development, 37, 887-907, а также: Ginott, H.G. (1965). Between Parent and Child. New York: Macmillan.

еще не понимает слов, данные его «видеонаблюдения» записываются внутри с доскональной точностью. Позже они будут считаны и реализованы, хотим мы того или нет.

Не слова, а дела окружающих играют решающую роль. Они насаждают в ребенке шаблоны поведения и определенных действий, ценности, верования. Даже выражения наших лиц точно копируются в его памяти и в дальнейшем будут воспроизведены. «Не беспокойтесь из-за того, что дети никогда не слушают вас, – сказал известный американский писатель Роберт Фулгам. – Беспокойтесь из-за того, что они постоянно наблюдают за вами».

Д-р Дэниел Голман из Гарварда, автор бестселлеров «Эмоциональный интеллект» и «Социальный интеллект», приводит этому наглядный пример: «В проведенном исследовании малыши смотрели на родителей во время их спора. Некоторые пары, пытаясь найти решения, проявляли враждебность и разобщение. Ни одна из сторон не слушала другую. Кипя злобой и презрением, они часто отходили друг от друга, когда неприязнь усиливалась. Дети этих пар подражали им во время игр с приятелями, были требовательными, сердитыми, вредными и враждебными. С другой стороны, пары, проявлявшие тепло, эмпатию и взаимопонимание, в том числе и в споре, вместе исполняли свой родительский долг с большей гармонией и даже радостью. Соответственно, их дети лучше ладили с приятелями и более продуктивно разрешали разногласия».

Поэтому, ради наших детей, нам стоит демонстрировать такое поведение, какое мы хотели бы видеть у них. А они уже довершат начатое. Вот так ребенок превращает пару в родителей.

Еще одна важная вещь. Пускай вы слышали это уже миллион раз, и тем не менее: любой контент, который просматривает или прослушивает ребенок, оказывает огромное влияние на то, как он будет себя вести. Сделайте себе и ему одолжение: хорошенько проверяйте, что именно происходит перед ним на телеэкране или компьютерном мониторе. Уберегите его от бездушных боевых роботов, от инопланетян-завоевателей, от брутальных разборок кошки и мышки, от крови, убийств и неизменного стресса, пронизывающих каждую сцену некоторых сериалов, и даже от выпусков новостей, хоть это и «правда жизни».

Ребенку нужны такие персонажи, которые будут демонстрировать ему пример правильного отношения к окружающим. В него нужно закладывать правильные шаблоны, правильный подход к жизни, а это несовместимо со многими «творениями» современных «мастеров». Не забудьте также фильмы о природе, в которых нет жестокости.

Выбор материалов для детей – работа непростая, зато очень плодотворная. Столпы социальной психологии, такие как Адлер и Скиннер, писали, что в каждой конкретной ситуации ребенок просто-напросто роется в своей памяти и извлекает из нее поведенческую модель, заимствованную у ближайшего окружения. Если ему повезло, то он найдет в себе хороший родительский пример, а если нет – это будет пример из бессмысленно-беспощадной компьютерной игры или из триллера, для которого предыдущий эпитет несколько слабоват.

ДЕВОЧКИ – С ВЕНЕРЫ, МАЛЬЧИКИ – С МАРСА

Раз уж мы заговорили о личном примере, необходимо отметить, что начиная с трехлетнего возраста желательно проводить различие между девочками и мальчиками.

Приблизительно в возрасте трех лет у ребенка начинает формироваться половая самоидентификация, а кроме того, он сознаёт различия между полами. Вообще, как бы мы ни старались, мужчины и женщины все равно останутся разными существами. Более того, существами противоположными. Давайте же не игнорировать этот факт ради блага наших детей.

Уже в три года они начинают по-разному смотреть на жизнь, и ментально разделяются на два пола, разнящиеся по своему отношению к нормам поведения, к историям и сказкам, а также к играм[38]. Даже ощущения ребенка меняются: одно дело, когда мама читает ему книжку, и другое дело, когда папа играет с ним в какую-нибудь игру. Более того, в этом возрасте дети начинают проявлять интерес друг к другу: мальчики испытывают поведение девочек, а девочки испытывают поведение мальчиков. При этом они обращают внимание на различия.

Мы должны помочь ребенку, чтобы он спокойно прошел этот важный период и не «заработал» себе осложнений с самоидентификацией на будущее. Для этого матери должны уделять повышенное внимание дочерям, а отцы – сыновьям. Таковы

---
38 Maccoby, E. E. (1990). Gender and relationships: A developmental account. American Psychologist, 45, 513-520.

рекомендации американского детского психолога д-ра Фила Макгроу[39], известного по телепередаче «Д-р Фил». Играйте с ними в игры, соответствующие их полу, и создавайте для них здоровое окружение из ваших близких и добрых друзей. Девочек рекомендуется помещать в женское общество, мальчиков – в мужское. Само пребывание среди взрослых поможет ребенку разобраться с вопросом о двух полах и побудит копировать поведение того из них, к которому он принадлежит. По словам д-ра Макгроу, нет ничего естественнее этого, так как с психологической точки зрения, самая сильная модель подражания в жизни каждого ребенка – это родитель того же пола[40].

Исследования подтверждают также, что современная система образования, в которой мальчики воспитываются в основном женщинами, усиливает у них «женские» шаблоны поведения (как правило, на подсознательном уровне) и порождает различные проблемы, в том числе в области полового развития[41].

ДРУГ И УЧИТЕЛЬ

Помните рынок книжных советов растерянным родителям? Так вот, на этом рынке предлагается море материалов о взаимоотношениях между родителями и детьми. Правильно ли это – быть

---

39   McGraw, P. (2004). Family First: your step by step plan for creating a phenomenal family. New York: Free Press.
40   Там же.
41   Fagot, B. I., & Patterson, G. (1969). An vivo analysis of reinforcing contingencies for sex role behavior in the preschool child. Development Psychology, 1, 563-568.

товарищем своему сыну? Если да, то не пошатнется ли родительский авторитет? А если нет, то как не довести дело до полного разрыва между вами, когда он повзрослеет?

Здесь мы тоже предлагаем золотую середину, не просто сочетающую оба подхода, а во многом дополняющую их.

Чтобы ребенок смог сознательно взять от вас что-то, сблизиться с вами, понять и почувствовать вас, он должен чувствовать, что вы его друзья, – иными словами, что вы находитесь рядом, а не где-то над ним. Если родители в восприятии ребенка остаются наверху, в недосягаемой выси, на недоступном этаже, это вызывает у него внутреннее сопротивление. Путь к детскому сердцу проходит через равные взаимоотношения в семье, когда все мы уважаем друг друга, слышим друг друга. При этом, разумеется, родители более опытны, и потому к их советам стоит прислушиваться – не по принуждению, а по любви. Мы еще поговорим на эту тему.

Только разговор на равных действительно повлияет на ребенка. Ведь друг, товарищ – это человек, с которым мы равны.

А как же родительская власть и авторитет?

Как мы уже говорили в прошлой главе, ребенок должен знать, что дома есть четкие границы. Он сам должен адаптировать себя к правилам, не ожидая, что правила адаптируются к нему. Только вот что стоит за этими красивыми словами?

Если ребенок сделал что-то плохое, не следует делать вид, что ничего не случилось. Наоборот, ему придется понять, что именно произошло и почему это плохо. Однако, чтобы извлекать настоящую пользу из подобных ситуаций, нужно прежде всего отдавать себе отчет в том, как мыслят дети в нежном возрасте. А мыслят они так: не успел сделать что-то, как уже забыл. Искренне. А потому каждая работа над ошибками должна начинаться с реконструкции этих ошибок, пока у ребенка не сложится точная картина происшедшего. Только после этого можно объяснить ему, как правильно себя вести, и даже наказать в случае необходимости – но так, чтобы он остерегался именно неправильного поведения, а не наказания.

Как это сочетается с дружескими взаимоотношениями?

Зная об этой трудности, стоит внести в родительский лексикон новое понятие, характеризующее особый тип взаимоотношений с родителями – «друг и ученик». С одной стороны, я отношусь к ребенку как к равному, и потому он мой друг. А с другой стороны, он учится у меня мудрости жизни, и потому он мой ученик.

Обучая ребенка, я жду от него отклика и отношусь к этому отклику со всей серьезностью, с уважением и любовью. Если он видит, что я ловлю и ценю каждое его ответное движение, если чувствует, как мне это важно, тогда милое дитя, которому едва исполнилось три года, на моих глазах становится вдруг взрослым человеком: он умеет отвечать на вопросы, он верно и обдуманно строит взаимоотношения и так далее. Всё зависит от нас: если мы относимся к нему как к полноправному другу, таким он и станет.

Мы еще вернемся к понятию «друг и ученик» на ближайших

страницах.

ЗАВИСТЬ

В возрасте 3–6 лет распространено еще одно явление, нарушающее родительский покой. Если у вас несколько детей, между ними возникает зависть и соперничество за близость к матери.

Как тут быть?

И снова, это зависит исключительно от родителей. Мама может поставить себя так, что дети поймут без тени сомнения: в ее глазах они совершенно равны.

Давайте воспользуемся примерами самой природы. Как мы уже сказали несколькими страницами выше, существует общий закон, объемлющий всю действительность. Речь идет о непреложном законе, который ведет нас к гомеостазу и балансу, гармонии. Однако мы не улавливаем, не ощущаем его, потому что действуем противоположным образом.

В чем это выражается? Позывные этой силы свободно транслируются на волне любви, а мы вещаем на волне себялюбия. Как следствие, нам то и дело хочется использовать различные части общей системы себе на пользу, вместо того чтобы поддерживать гармонию, не пренебрегая никем. Мы замкнуты внутри себя и потому не можем поймать волну Природы. Чем больше мы в противоположность ей сосредотачиваемся на себе, а не на других, тем больше страдаем. Ведь Природа стремится вернуть все свои части в равновесие с общей, единой системой и давит на нас, устремляя к той же цели.

Как же все-таки почувствовать ее силу? Для этого надо «переключить» себя на внешний режим: с поглощения на отдачу. Если мы протянем друг к другу нити настоящей любви, по этим «духовным капиллярам» заструится та самая сила, наполняя нашу жизнь уверенностью и покоем.

Человек не может ощутить силу любви в одиночку – ему нужны другие люди, к которым он будет относиться с любовью. Так и мать должна относиться к детям, конкурирующим за ее внимание: «Вы обретете любовь, только если будете обращаться ко мне за ней не поодиночке, не за счет друг друга, а вместе, одновременно». В центре ее внимания должна быть их способность сотрудничать друг с другом. Она поддерживает детей в этом всевозможными средствами, а когда у них получается – демонстрирует радость, которую они ей доставили.

Но что если дети все-таки обращаются к ней по отдельности?

В таком случае они получают равное, одинаковое отношение, немного прохладнее, чем при совместном обращении. Так мама приучает детей кооперироваться между собой: «Самое теплое отношение вы получаете только вместе». Такой подход формирует в маленьком человеке особые системы, автоматически направляющие его на установление связи с окружающими. Раньше он смотрел на цель, не замечая остальных, а теперь задается вопросом: «С кем и как я могу объединиться, чтобы достичь цели?» Уважаемый отец, здесь, разумеется, нужна и ваша поддержка.

Психоаналитик, писательница и известная исследовательница в области психологии нежного возраста Сельма Фрайберг определяет сотрудничество родителей как инструмент воспитания, необходимый для того, чтобы справиться с соперничеством между братьями и сестрами. «По ходу развития соперники приходят к выводу о том, что ни один из них не может удостоиться исключительного права на родительскую любовь. Когда они смиряются с этим фактом, угасает враждебность, и бывшие соперники, объединенные любовью родителей, оказываются связаны взаимной любовью… Нельзя поощрять в детях соперничество – напротив, надо доказать им, что они не получат никакого удовольствия от проявлений зависти друг к другу».

И еще один важный момент: по данным психологии, именно в этом возрасте ребенок пытается выстроить с каждым из родителей личные отношения. Стоит воспользоваться этим естественным позывом и дать ему понять, что вы объединены в своем отношении к нему. Это значит, что ему не нужно искать различий в том, как относятся к нему мама и папа, и использовать эти различия в своих целях – например, играть на материнских чувствах. Наоборот, он чувствует вас как единое целое, и это во многом облегчает ему свыкание с границами, о которых мы уже немало говорили.

Хотя ребенок воспринимает вас по-разному, вы должны

стараться демонстрировать ему последовательное и равное отношение: его хорошие поступки означают ясное вознаграждение с вашей стороны, а плохие поступки вызывают ясную, вполне предсказуемую отрицательную реакцию. Если один из вас станет «плохим полицейским», а другой – «хорошим полицейским», это лишь запутает ребенка.

Хаим Амит, специалист в области психологии воспитания, приводит историю, которую услышал от одного из своих юных подопечных во время семейной терапии: «Я перестал уважать родителей, когда увидел, что они бесхребетные. Они сами не знают, чего хотят от себя и от нас. Им важно то одно, то другое, без всякой логики. А когда кажется, что они знают, чего хотят, – они даже не могут по-серьезному подойти к делу. Например, папа раздражается и раздает наказания, а вечером мама задабривает его, и он уступает. Разве это серьезно?»

Всегда представайте перед ребенком нераздельными – и он переключит внимание на собственные действия, вместо того чтобы искать лазейку у матери или у отца. А по правде говоря, он должен видеть подобное отношение со стороны всей семьи.

СЕМЬЯ КАК ОБЩЕСТВО

Семья должна быть маленьким обществом, в котором каждый предпочитает личной выгоде общее благо. Претворяя в жизнь общее желание семьи, а не свое личное желание, человек подает пример другим. Пускай вначале это будет игрой, но со временем члены семьи обнаружат к своему удивлению, до какой степени это скрепляет их и помогает понять друг друга. Выясняется, что от такого подхода хорошо всем.

В настоящей семье нет больших и малых – все равны. Чтобы наладить связь с ребенком и помочь ему влиться в распорядок жизни, дайте ему почувствовать, что семья – это место, где царит взаимная любовь. А любовь может быть только между равными.

В чем выражается подобное равенство? В ежедневных «семейных собраниях», на которых у каждого есть возможность высказать свое мнение. Все внимательно слушают его, заботятся о нем и вместе решают, чтó для него правильно, сообразно с возрастом и обстоятельствами.

Такие постоянные «собрания» очень успокаивают ребенка и создают в нем непреходящее чувство семьи, действующей как единое целое.

Но что если один из нас – упрямец, не желающий уступать?

Очень хорошо. На это упрямство надо ответить любовью, чтобы таким образом укрепить семью в целом. Мы показываем ему, с одной стороны, сколько он теряет из-за собственного своенравия, а с другой стороны, сколько заработает, если объединится со всеми. Так ребенок получает два необходимых ему элемента – границы и любовь.

Желательно сформировать дома в буквальном смысле маленькое общество, которое ценит и славит всё то, что ведет к единству и любви между всеми домочадцами. Важно, чтобы в этом участвовали все вместе – именно как одна семья.

Дети и родители строят семью совместными силами. Принадлежность к тому или иному поколению тут роли не играет. В результате ребенок чувствует себя равным среди равных, что придает ему силы и уверенность. Так возникает настоящий диалог между родителями и детьми. Как отмечает клинический психолог д-р Эдна Каценельсон из Тель-Авивского университета, специализирующаяся в области воспитания и развития, «действенный диалог – это диалог, в котором каждая из сторон высказывает то, что думает и чувствует, а другая слушает ее. Такой диалог ведет обе стороны к решению или к лучшему пониманию».

ОТНОШЕНИЯ МЕЖДУ БРАТЬЯМИ

Вы ждете очередного прибавления семейства? А может быть, это уже произошло, и двое непосед не очень-то ладят друг с другом?

Чтобы два брата жили мирно, они должны понимать, что занимают в семье два особых места. Нужно, чтобы в их поле зрения попала «общая картина»: природа устроила так, что они восполняют друг друга и для этого должны быть вместе. Потому они и родились братьями у папы и мамы, потому и растут рядышком. Именно семейные узы позволяют им добиться успеха в важной совместной задаче, которую поставила им природа: протянуть между собой прочную взаимосвязь. И потому нельзя говорить брату: «Отстань, не хочу тебя видеть».

Фактически, как отмечает известный американский исследователь и писатель Джереми Рифкин, вглядевшись в общую картину, мы увидим, что весь мир – одна большая семья, развивавшаяся на протяжении истории. Да, мы выросли числом, однако все мы – части общечеловеческой мозаики, каждый человек в мире неповторим и своей уникальностью восполняет других[42]. Так и в семье: каждый важен, и каждому есть место. Неважно, какой у него нрав. Ну и что если один родился импульсивным, а другой – флегматичным, третий – мечтатель, а четвертый – сама рассудительность? Если один из братьев немного ленится – возможно, этим он напоминает нам, что иногда действительно не грех и отдохнуть?

Если над всеми нашими различиями мы выстроим крепкую взаимосвязь, если научимся понимать друг друга, это поможет каждому из нас выполнить цель, которую поставила ему природа, и реализовать себя в жизни.

Может быть, сейчас братьям трудно разглядеть это. Каждый хочет быть единственным ребенком в семье. Однако им очень поможет, если они будут знать, что участвуют в особой программе, в особом процессе, на финише которого ясно увидят, как это здорово, что они родились братьями.

Это понимание нужно методически укреплять, снова и снова находя между ними общий знаменатель и неустанно расширяя его. Надо показывать им, в чем один может поддержать

---

[42] Rifkin, J. (2010). The empathic civilization: The race to global consciousness in a world in crisis. New York: Tarcher.

другого, помочь другому. Так, постепенно, связь между ними будет углубляться и крепнуть.

МЕЖДУ ОБРАЗОВАНИЕМ И ВОСПИТАНИЕМ

После долгого разговора о семейной ячейке пришло время выбраться из домашних стен. Поговорим немного о системе просвещения.

Сегодня эта система – от яслей до вузов – выпускает в мир людей, которые в той или иной степени подкованы знаниями. Это, конечно, приятно и даже представляется полезным, однако создает существенную проблему: выпускники школы могут быть специалистами в чем угодно, кроме главного – они не получили специальность «человек». Им не объяснили, для чего жить, им не рассказали, откуда берутся их мысли и желания, их не сформировали как личность. В результате они выросли и вступили в жизнь, так и не поняв, для чего она, как к ней относиться и какую роль в ней играет семья…

Говорить об этом можно много, критиковать – тоже, но в данном случае лучше не тратить слов. Ведь в связи с «достижениями» системы просвещения между нами царит трогательное единодушие. Проблема в том, что мало кто может предложить реальные решения.

Здесь нужно понимать, что взросление ребенка сопряжено с многочисленными внутренними переменами: личное развитие, социальное и конкурентное развитие, гормональное развитие и прочее. Всему свое время, свой период, и в каждый такой период надо создавать для ребенка соответствующее окружение, которое позволит ему поговорить обо всем, осмыслить всё и всему найти правильное, гармоничное решение.

Воспитание должно соизмеряться с внутренним развитием ребенка, с его возрастом и полом. Недостаточно пичкать его знаниями – еще важнее научить его быть человеком и подготовить к жизни. Как? Ниже – несколько практических советов.

МЕТОДИКА ПРЕПОДАВАНИЯ В ДЕТСКИХ САДАХ

В садике заниматься стоит в кругу или в маленьких группах, причем только в формате общения, только вместе с участием всех детей. Не надо вызывать в ребенке чувство превосходства: «Я тут главный, слушайте меня». Со всеми детьми наравне, никого не выделяя, в понятной форме надо вести разговор об их жизни.

Один из важнейших принципов воспитания состоит в том, что ребенок наилучшим образом воспринимает информацию от того, кто лишь немного старше его группы сверстников. Лев Выготский, один из основателей социокультурного подхода к когнитивному развитию, замечательно объясняет это в своей концепции «участка близкого развития».

По Выготскому, есть два уровня развития ребенка: его текущие способности и ближайшие потенциальные способности. «Участок близкого развития» – это дистанция между ними.

Правильное руководство со стороны взрослого или более опытных товарищей задействует в ребенке внутренние механизмы развития, позволяющие, благодаря интеракции с окружением, «взбираться» на следующую ступеньку и обретать всё большую самостоятельность.

Отсюда ясно, что наставники не могут действовать «сверху» – они должны опускаться к текущей ступени ребенка и казаться лишь немного выше его нынешних представлений, немного опытнее в жизни. Они перемешиваются с малышами, подобно их ровесникам, старшим товарищам, – и становятся примером для подражания.

Так наставник оказывается на участке близкого развития и помогает ребенку развивать заложенный в нем потенциал. Благодаря этому у детсадовцев появится возможность быть похожими на наставников – подобно тому, как они хотят походить на первоклассников, которые ненамного старше их[43]. Помните принцип «друг и учитель»?

Что касается интеракции между детьми: рекомендуется разделять мальчиков и девочек, собирать их в круг по отдельности, или же отдавать в разные детские сады. По данным одного из последних исследований, многие дети дошкольного возраста лучше развиваются и обучаются в однополом окружении[44].

А вот результаты еще одного исследования, проведенного

---

[43] Vygotsky, L. S. (1978). Mind In Society: The Development of Higher Psychological Processes. Cambridge, MA: Harvard University Press.

[44] Diehm, C. L. (2009). Achievement of boys and girls in single-gender kindergarten classrooms at one elementary school in Western Michigan. Doctoral Dissertations. Eastern Michigan University. Michigan.

под руководством ученого с мировым именем Элинор Маккоби, которая внесла большой вклад в психологию развития и сексуальную психологию. Оказывается, в групповой динамике мальчики и девочки существенно отличаются друг от друга. Например, те, кто играл в однополом окружении, достигли намного более высокого уровня социального поведения, чем в разнополой среде. Кроме того выяснилось, что девочки, активные в играх со сверстницами, становятся намного пассивнее рядом с мальчиками. И, наконец, самое любопытное: в играх дети спонтанно выбирают партнеров своего пола, если взрослые не навязывают им других решений[45].

Сам круг не должен расти стихийно. Максимальное количество участников в случае с мальчиками – десять, включая воспитателя. Во внутреннем пласте взаимоотношений мужчины по природе ограничены десятикратным порогом восприятия. Здесь этот принцип проявляется в простейшей форме. В кругу девочек, напротив, участниц может быть больше.

Просьба к представителям мужского пола не переживать понапрасну. Так уж в мире устроено, что женщины (любого возраста) воспринимают реальность более широко, и потому для них требуется меньше ограничений. В этом одна из причин разделения между мальчиками и девочками.

Еще одна причина кроется в том, что мужчины и женщины, даже маленькие, представляют две разные природные основы. Мы уже говорили с вами на эту тему. Нужно предоста-

---

45 Maccoby, E. E. (1990). Gender and relationships: A developmental account. American Psychologist, 45, 513-520.

вить им возможность расти и цвести по-своему, не пытаясь искусственно выровнять под одну гребенку. Мы безуспешно втискиваем мальчиков и девочек под единое лекало, которое, возможно, и кажется нам хорошим, но совершенно не соответствует их естественному развитию. Время для «смешения» еще настанет, а пока давайте будем действовать не вопреки природе, а в согласии с ней.

НИКАКОГО НАСИЛИЯ

Некоторые с этим знакомы: в один прекрасный день до вас вдруг доходит, что ваш любимый сын бьет других детей.

Что делать?

С самого раннего возраста нужно доносить до ребенка незыблемый принцип: драки исключены. Можно, конечно, положиться на силу объяснений, однако самое эффективное средство против вспышек малыша – обсудить его поступки в обществе товарищей по детскому саду.

В конце каждого дня воспитатель должен проводить общую беседу, в ходе которой дети под его руководством обсуждают последние события и вместе, как взрослые, находят решения проблем.

В кругу воспитатель поднимает соответствующие вопросы: «Почему ты это сделал?», «Что тебя побудило?», «Для чего?», «Что мы об этом думаем?», «Как избежать таких происшествий в будущем?» А далее пускай сами пролагают путь к решению. Очень важно уже в этом возрасте развивать у ребенка способность к суждению и анализу собственного поведения, а также поведения других детей.

К какому же выводу они должны прийти в итоге обсуждения? К очень простому: дружба и взаимопомощь – это не красивые слова, а закон жизни. Не забывайте: с трехлетнего возраста ребенок уже способен сознавать, что такое отношение к другим, а потому для подобного вывода сейчас самое время. Сомневаетесь?

Тогда спросите у Жана Пиаже[46] и Лоренса Кольберга[47], двух известнейших психологов, изучавших моральное развитие у детей. Они установили, что чем раньше мы начинаем прививать ребенку мораль, тем эффективнее она укореняется в нем.

Здесь мы снова возвращаемся к важности личного примера: ребенку легче будет научиться правильному отношению к окружающим, если родители внесут свою лепту в процесс обучения. Пускай он видит, что не только товарищи, но и папа с мамой тоже считаются с другими и ценят общие интересы.

---

46 См. Жан Пиаже, «Психология ребенка» («The Psychology of the Child»), «Моральное суждение у ребенка» («The Moral Judgment of the Child»).

47 См. Kohlberg, Lawrence (1981). «Essays on Moral Development», Vol. I: «The Philosophy of Moral Development». San Francisco, CA: Harper & Row. А также: Kohlberg, Lawrence; Charles Levine, Alexandra Hewer (1983). «Moral stages»: a current formulation and a response to critics. Basel, NY: Karger. А также: Kohlberg, Lawrence; T. Lickona, ed. (1976). «Moral stages and moralization: The cognitive-developmental approach». Moral Development and Behavior: Theory, Research and Social Issues. Holt, NY: Rinehart and Winston.

Родительский пример дорогого стоит, ведь он автоматически становится предметом подражания.

Необходимо помочь детям, чтобы уже в юном возрасте они устанавливали между собой правильную взаимосвязь, проявляя чуткость, любовь и уважение друг к другу и к взрослым.

ПРЕДМЕТЫ ОБУЧЕНИЯ

Вот мы и подошли к учебной программе. Чему же стоит обучать детей в дошкольных учреждениях?

Верьте, не верьте – большинству предметов.

В древности базовый набор, называвшийся «семью науками», включал математику, инженерное искусство, музыку, астрономию, естествознание, философию (в виде бесед о смысле жизни, вследствие большого интереса детей к этой теме), грамоту, танцы, драматическое искусство, живопись, скульптуру… Верно, набежало уже больше семи. Вижу ваши приподнятые брови, и тем не менее, зачатки этих предметов, правильно подготовленные и адаптированные, следует преподавать уже в детском саду. Речь тут идет не просто и не столько о специальных знаниях, сколько о краеугольных камнях формирования личности в ребенке.

Но это еще не всё. Сквозной нитью через программу обучения должен проходить принцип равенства. Пусть мы разные, но у каждого из нас есть свое предназначение в социальной общечеловеческой мозаике, и в этом мы – незаменимы.

Способны ли дети усвоить это?

Легко. Фактически, чем они старше, тем меньше усваивают. Главное – хорошенько поработать с ними вначале, и тогда мы увидим замечательные результаты.

Но что если ребенок противится такому воспитанию?

Если мы поймем его и найдем верный подход, он не станет сопротивляться. Учебы должна быть занимательной, приятной, основанной на вещах, к которым лежит его сердце: представления, игры, песни, спорт, творчество, видеоролики и фильмы. Можно, например, придумать игры, требующие знания букв и цифр; можно организовать групповые игры с призами для тех, кто внес наибольший вклад в общий успех, в соответсвии со своими возможностями. Тем самым мы направим в нужное русло такие естественные порывы, как зависть и соперничество, подставив их под благотворное воздействие окружения.

ЭТИ РАЗГОВОРЧИВЫЕ ЗВЕРЮШКИ

А теперь несколько слов о том, мимо чего я просто не могу пройти. Скажите, вы когда-нибудь видели, чтобы слон разговаривал с лисой, чтобы собака пела песню, а мышь хитро расправлялась с незадачливым котом? Возможно, это и кажется милым, однако фильмы и сказки, очеловечивающие зверей, создают немало проблем для наших детей.

Увидев на экране говорящего ежика, ребенок подсознательно воспринимает это за чистую монету, хотя потом мы можем объяснить ему, что это только «понарошку». Нами же созданная ложная реальность все равно опережает нас и укореняется в детском мироощущении.

По сравнению с реальным взглядом на жизнь, в подобных приемах кроется очень большая ложь, часто непоправимое искажение картины мира. Навязывая ребенку нереальные истории, мы калечим его разум и искривляем логику, даже не подозревая, что эти иллюзии останутся с ним на всю жизнь в качестве отношения к миру.

Разумеется, надо знакомить детей с неживым, растительным и животным миром, но только в истинном виде. К маленькому ребенку нужно относиться именно как к маленькому человеку, а не как к обитателю мнимой реальности, где животные разговаривают и находятся в сказочных отношениях друг с другом.

Этот подход – следствие нашего ханжеского мира и всевозможных нелепиц, которые человечество воображает себе тысячелетиями. Неужели только так мы можем воспитывать детей? Разве в примерах и объяснениях нельзя обойтись без животных, бо́льшую часть которых дети даже и не видели?

Выходит, мы навязываем ребенку «виртуальных» персонажей. Точно так же можно рассказывать ему о духах и привидениях.

Современный ребенок имеет представление о мобильном

телефоне, самолете, машине, о собаках и кошках во дворе. Так зачем кормить его небылицами?

– Знаешь, где-то за городом есть лес, а в нем живут звери, которые разговаривают друг с другом…

До сих пор он жил в настоящем мире, а мы внесли туда ложь. Для чего? Что в этом воспитательного? Мы просто подсунули ребенку фальшивый театр, который он принимает за факт. Проникнувшись этими баснями, он останется на всю жизнь со своим искаженным представлением о мире. Стоит ли удивляться, когда дело доходит до крайности и люди прыгают в вольеры к медведям, которые кажутся им такими милыми и добрыми.

Обсуждая эту книгу, психолог в области прикладного воспитания и психотерапевт Лимор Софер-Петман рассказала о беседе, которая состоялась у нее с одним из крупных профессионалов. В ней буквально отпечатались его слова, проникнутые искренней болью: «У нас нет права вносить в мир ребенка вещи, не существующие в действительности. В итоге мы добиваемся обратного: счастливая жизнь, столь близкая к нему, остается вне поля его зрения. Почему? Потому что он начинает искать ее на иллюзорной территории, в стране фантазии, что называется, в «сумеречной зоне». Не помогая нашим детям познавать истину, мы создаем себе и им источник проблем».

Обучать ребенка нужно не на небылицах, а на притчах и играх, где выдумки не представляются реальностью. Перестаньте потчевать детей баснями, оставьте в их рационе только правду. Любая ложь отчеканивается в подсознании, встраивается во внутреннюю программу и извращает взгляд на жизнь. Только правду – раскрывая ее всё больше, в соответствии с уровнем развития. Истина изменит подход ребенка к жизни, и он будет расти вверх, а не вкось.

МАЛЕНЬКОЕ РЕЗЮМЕ

Что мы узнали из этой части?

Мы узнали, что подготовка к жизни и к интеграции в общество должна начинаться тогда же, когда начинается социальное развитие и формируется правильное восприятие окружающего мира, – с возраста 3 лет. Мы обучаем ребенка верному взгляду на общество и расширяем его кругозор: немного истории, грамота, сравнение состояний, картинки из жизни и так далее. Тем самым мы закладываем основы его мировосприятия, помогаем ему понять природу и оптимально встроиться в окружение.

Возможно, в силу такого воспитания ваш сын не будет мечтать о большом богатстве, но и бедным он тоже не будет. Возможно, ваша дочь не захочет стать супермоделью, зато она вызовет симпатии как человек. Они с детства будут понимать, что их жизнь – сокровище, поскольку в ней таится величайшая возможность – жить в гармонии с людьми и природой. И что самое важное: понимая мир, в котором они живут, дети будут расти счастливыми людьми.

ЧАСТЬ 3
ШКОЛА ЖИЗНИ

ГЛАВА 7
БЫТЬ ЧЕЛОВЕКОМ

В один прекрасный день, а точнее в понедельник после полудня, я сидел на деловой встрече с уважаемым человеком, который поставляет большим организациям лекторов и преподавателей для профобучения. С интересом изучив мою автобиографию и расспросив хорошенько об опыте работы, он взглянул мне в глаза и сказал:

– Вижу, вы учитесь на докторскую степень? Это хорошо...

– Спасибо, – вежливо ответил я.

– А еще здесь написано, что вы работаете учителем в школе.

– Да. Вот уже пять лет, как...

– Чем думаете заниматься в будущем? – спросил он, не дав мне закончить.

– В каком смысле? – не понял я. – Ведь я учитель.

– Это понятно, но я спрашиваю о профессии на всю жизнь.

– Сфера воспитания, разумеется, – ответил я, широко улыбнувшись.

– Воспитание... – пробормотал он, и тень цинизма пробежала по его лицу. – Не жаль времени?..

Я попытался рассказать ему о новом поколении и о миссии учителя в наши дни, но вот беда: как только прозвучало слово воспитание, разговаривать стало не с кем. Мы договорились по деловым вопросам и распрощались. И хотя не в первый раз выбранная мною профессия вызывала такую реакцию, этот случай заставил меня задуматься.

Каждый раз, когда разговор заходит о воспитании, над беседой словно нависает мрачная тень. Это слово кажется нам таким необъятным, таким далеким, таким абстрактным. Где-то в коридорах нашей коллективной памяти еще отдаются эхом уроки по самому скучному в мире предмету, и радостное чувство – «как хорошо, что это, наконец, закончилось!» – еще озаряет темноту. Но потом мы вспоминаем о наших детях, и нас охватывает беспомощность, если не отчаяние…

Все мы заинтересованы в перестройке системы воспитания. Ведь она должна готовить подрастающее поколение к будущему – да еще к такому, какого мы и представить себе не можем. Задумайтесь: дети, начинающие учиться сегодня, выйдут на пенсию после 2060-2065 года! Это кажется невероятным: наше воспитание родом из прошлых столетий, и оно претендует на то, чтобы готовить детей нового века к жизни в глобальном мире. Разве это не абсурд?

Не знаю, в курсе ли вы, но до позапрошлого века в нашем мире не существовало института под названием «школа». Немногих детей обучали частные учителя, а остальные в подавляющем большинстве жили с родителями, перенимали у них профессию, кормились ею, а впоследствии и сами передавали ее по наследству.

Но затем началась промышленная революция и потребовала безостановочного «конвейера», выпускающего рабочих для фабрик и заводов. С этой целью и была создана система, известная нам сегодня как «школьное образование». Достаточно даже беглого взгляда на то место, куда мы ежедневно отправляем своих детей, чтобы увидеть: за прошедшие века изменилось сравнительно немного. Классы по сорок человек, сидение за партами, длинные уроки, короткие перемены, огромные массивы знаний для зубрежки, централизованное перемещение из класса в класс и так далее.

Даже если детали не совсем точны, происходящее сегодня в школьных стенах отражает лишь очень узкий аспект понятия «воспитания». Неслучайно Альберт Эйнштейн заметил, что «образование – это то, что остается у человека, когда он забывает всё, чему учился в школе». В принципе, школа старается подготовить ребенка к последующей учебе в университете, но не дает ему образования в полном смысле этого слова.

Давайте вернемся к более емкому термину «воспитание», обозначающему процесс формирования личности, мировоззрения и поведения каждого из нас. Воспитание не начинается и не завершается фронтальным уроком. Суть воспитания в том, чтобы научить ребенка – маленького человека – по-настоящему успешной жизни. Школа, обучающая, главным образом, заучивать материал, уже давно устарела. И в этом, возможно, главная причина, по которой наши дети проводят бóльшую часть учебного дня в ожидании, когда же он закончится.

ПУТЬ К СЕРДЦУ РЕБЕНКА

Недавно я услышал любопытную беседу. Провел ее сэр Кен Робинсон, в прошлом профессор, а сегодня лектор с мировым именем, а также консультант правительств и организаций в области творческого воспитания.

В пищевой промышленности контроль качества определенной продукции базируется на стандартизации. Где бы ни производилась проверка, повсюду вы найдете тот же гамбургер, те же чипсы, тот же сандвич и кофе со знакомым вкусом. Такой подход представлен в отрасли фастфуда – блюд быстрого приготовления.

Аналогично этому, объясняет Робинсон, системы обучения в наши дни действуют подобно сетям фастфуда: почти во всех школах мира вы обнаружите детей, которых обучают согласно жестко заданным, годами не менявшимся критериям качества. В результате мы имеем дело с обостряющимися побочными эффектами: вред, который фастфуд наносит здоровью человека, сходен с ущербом, который современное воспитание наносит детской душе.

Новое поколение живет и дышит неразделимым миром, быстрым и взаимосвязанным. Оно иначе мыслит, у него иные ощущения, иные желания. Нам кажется, что перед нами просто маленькие дети: «Что они понимают? Чего могут хотеть?» Но смотреть нужно вглубь, туда, где прячется сокровенный порыв целого поколения, желающего понять: «Для чего?»

Дети сегодня уже не довольствуются назидательными сентенциями типа: «Ты должен вставать утром в школу и быть хорошим мальчиком. Потом ты вырастешь, начнёшь работать, женишься, обзаведёшься детьми, и всё у тебя будет хорошо». Они смотрят на созданный нами холодный, разобщенный мир – и не желают становиться его частью.

Правда, время от времени очередной «рулевой» заявляет о «серьезных реформах в образовании», однако это совсем не то, что нужно сегодня. Нас не спасут косметические изменения и денежный поток, выливающийся в черную дыру. Здесь нужна не эволюция, а настоящая революция взглядов и методики.

Какая такая революция?

Прежде всего, революция концептуальная. Путь к детским сердцам начинается с понимания того факта, что мы, предыдущее поколение, отличаемся от новых всходов. И это отличие требует, чтобы мы изменили методику воспитания, которая взрастила нас самих.

Давайте послушаем Далью Лимор, в прошлом главу одного из отделов израильского Минпроса: «Мы задаемся вопросом о том, деградирует ли новое поколение. А может быть, оно просто меняется? Может быть, меняется всё вокруг, а мы держимся за уже существующие и знакомые вещи, заставляя новое поколение идти подходящим для нас путем, – тогда как оно хочет и пытается попасть в другое место? Связаны ли с миром детей те экзамены, которые выявляют их несоответствие **системе**? Имеют ли эти экзамены отношение к тому, что их интересует? К тому, что они изучают лучше, поскольку это им близко? Возможно, ситуация не была бы столь скверной, если бы система образования проявила гибкость и признала факт существования другого, отличного, нового мира, знакомого в основном молодому поколению».

«В каком-то смысле, – продолжает эти слова профессор Рони Авирам, глава Института будущего образования в Университете Бен-Гуриона, – система просвещения находится сегодня в ситуации, сходной с той, что сложилась в конце XIX века. Тогда традиционные системы, по большей части сельские, уже не могли функционировать в индустриальном обществе, и возникла необходимость заново определить базовые параметры системы образования – цели, контент, организационную структуру, целевую аудиторию, методики, – и сформировать новую систему, которая просуществовала до нынешних времен. Аналогичным образом, современная система образования больше не соответствует постмодернистскому обществу, и снова возникает необходимость в фундаментальных переменах».

Подведем итог: «выращивание человека» – процесс по своему характеру не промышленный, а сельскохозяйственный, не механический, а органический. Как знает каждый начинающий фермер, чтобы собрать хороший урожай в конце года, надо сажать семена в благодатную почву. Точно так же, чтобы растить счастливых детей, необходимо обеспечить им соответствующие условия. Воспитание – это не усвоение знаний, а создание подходящего окружения, которое будет выхаживать детей и позволит им реализовать весь свой огромный потенциал.

ОБУЧЕНИЕ ЖИЗНИ

Основным школьным предметом должно стать «человековедение» – наука о том, как стать Человеком. Или, как сказал А. Гордон: «Образование – это путь, Человек – это цель». Неслучайно в данном контексте я пишу это слово с большой буквы. Речь идет не о нотациях и призывах в стиле: «Баранкин, будь человеком», а о теоретическом и практическом руководстве по обретению социальных навыков, которые позволят детям преодолеть отчуждение, подозрительность и недоверие, царящие сегодня в обществе.

Чтобы дать нашим детям входной билет в глобальный мир, нужно объяснить им причины нынешнего порядка вещей и способы его изменения к лучшему.

В школе с юным человеком надо говорить о том, как устроен его внутренний мир, – о его желаниях и свойствах, о факторах, которых движут им в жизни. Он должен научиться правильному подходу и правильной трактовке событий, которые происходят с ним ежедневно: почему люди относятся к нему именно так, как ему самому нужно относиться к ним? Ребенок должен чувствовать, в чем он свободен, а в чем нет, он должен познакомиться с законами природы, действующими на личность и на общество, и понять, куда они ведут его.

Уже с детства человеку необходимо понять, что эгоизм – желание наслаждаться за чужой счет – это главная причина страданий в мире взрослых. Параллельно мы должны показывать ребенку (на занятиях и на личных примерах), каким образом взаимное участие и отзывчивость сделают их и нашу жизнь лучше, – точно так же как природный гомеостаз ведет к гармонии и создает условия для жизни.

Резюме: молодой человек должен понять, для чего он живет, какова его роль в мире и какие взаимосвязи нужно выстраивать с ближайшим окружением, чтобы быть счастливым. Изучая эту науку на уроках и дома, он будет усваивать ее естественным образом – и тогда начнет уважать учебное заведение под названием «школа». Он станет по-другому относиться к учителям и родителям, избежит бессильного отчаяния перед непробиваемостью и неадекватностью системы и поймет, что в такой школе выгодно учиться, – ведь она снабжает его незаменимыми средствами для счастливой жизни.

Разумеется, это вовсе не значит, что мы перестанем давать детям знания, – просто целью уроков должно быть формирование Человека, а не квалифицированного робота.

Мой близкий друг д-р Ицхак Орион, выдающийся физик, стоящий во главе ядерной учебной программы на повышенную степень в Университете Бен-Гуриона, дал мне как-то замечательный пример из мира науки:

– Химические основы алмаза и графита, из которого делаются стержни карандашей, абсолютно идентичны. Они состоят в точности из одних и тех же атомов, а различие кроется в связях между атомами. В графите эти связи хрупки, и потому он такой ломкий, а в алмазе межатомные связи очень сильны, и потому он является самым твердым из известных человеку минералов.

Аналогично этому, архитектура наших взаимосвязей выстраивает мир, который мы видим. Говоря иначе, чем слабее эти связи, тем более разобщен мир, тем больше в нем вражды и ненависти, которые ведут к разрушению на всех уровнях. И наоборот, спайка между нами возвращает всю систему в состояние твердой уверенности, покоя и процветания. Этому мы и должны обучать наших детей, чтобы они поняли со всей очевидностью: узы, протянувшиеся между людьми, сплетают узор реальности, в которой мы живем. Научив их этому «искусству сплетения», мы откроем подрастающему поколению надежный путь в жизнь без кризисов.

Давайте же отправимся в маленькое путешествие, чтобы посмотреть, как прокладывается дорога, по которой пойдут наши дети.

ГЛАВА 8
УЧИТЬСЯ И РАДОВАТЬСЯ

Представьте себе группу из десяти детей и двух наставников, сидящих в школьном дворе под деревом и беседующих о жизни. Потом, отведав плотный завтрак, они вместе поют песни. Подкрепившись физически и морально, идут в класс, смотрят захватывающий фильм и обсуждают его. Когда тема исчерпана, возвращаются во двор и играют в социальные игры. Затем наступает полуденный отдых, после которого они встречаются, чтобы позаниматься такими предметами как: физика, химия, биология, литература, математика, а также графика, мультимедиа, сценарное и режиссерское искусство, видеомонтаж… И всё это – в легкой и приятной атмосфере, в сочетании с глубокими беседами о природе и жизни.

Если возникает проблема дисциплинарного характера, дети обсуждают ее между собой и вместе решают, как с ней справиться. Наставники слушают их, помогают, направляют, но выглядят при этом не «начальниками», наделенными властными полномочиями, а настоящими товарищами.

В дневном распорядке есть длительные перерывы – не крохотные «окошки», когда и в туалет-то сходить не успеешь, а полноценные «окна» по 30-60 минут, позволяющие детям хорошенько подвигаться, проветриться и «разгрузиться».

Раз в неделю они выезжают на природу, на море, в музей, в больницу или, скажем, на съемочную площадку какого-нибудь фильма – чтобы знакомиться с жизнью во всем ее многообразии.

Так дети в радости учатся до вечера и почти всегда с удивлением обнаруживают, что еще один учебный день подошел к концу. Ходить в школу так здорово, что они просто теряют чувство времени. Действительно, когда вы занимаетесь нелюбимым делом, пять минут тянутся как час, – но если вы делаете то, что вам нравится, час пролетает за пять минут. Верно?

Ребенок возвращается домой, увлеченно делится с родителями впечатлениями от пережитого, и улыбка не сходит с его лица. Для него это был не долгий и тоскливый учебный день, а яркий праздник.

Нет, мы с вами говорим не о фильме с Робином Уильямсом. Так выглядит школа, которую нам надо создать, – школа жизни для наших детей. Не еще одна закоснелая модель, пытающаяся втиснуть в голову ребенка оторванный от его реалий материал. Школа жизни – это комплексная программа, формирующая человека и его мир. Здесь все, так или иначе, относится к учебе, которая кажется ребенку радостным приключением.

Пребывание в школе превращается для него в «хорошо приправленный салат», части которого сливаются в общий неповторимый букет вкуса: игры, товарищи, песни, танцы, еда, и вместе с тем беседы по душам, уроки по различным предметам и многое другое.

Во все категории школьного контента деликатно вплетается принцип взаимности и партнерства – основа общества. Этот принцип развивает у детей социальные навыки, а также учит их выстраивать правильное отношение к себе, к окружающим и к внешнему миру. В результате они способны видеть реальность как единый комплекс, единую, всеохватывающую картину. Она не делится на отдельные сегменты: «дом» и «школа», «я» и «мир», «разные учебные предметы», «любимый и нелюбимый учитель», «товарищи, с которыми я лажу, и с которыми нет». Напротив, все эти части соединяются для детей в одно целое, которое и называется «жизнь». Так день за днем ученики обретают знание о мире и о себе, по-настоящему развиваясь и получая удовольствие от каждого шага на этом пути.

Возможно, начало этой главы кажется вам утопичным, однако я на собственном опыте могу засвидетельствовать: когда перед нами обрисовывается настоящая, цельная модель воспитания, мы внезапно обнаруживаем, что ничего невозможного в ней нет. Более того, становится ясно, что мы можем, а по сути, должны выстроить такое будущее для наших детей. Позвольте же мне развернуть перед вами картину воспитания, каким его видит интегральная методика, – воспитания, которое действительно будет готовить детей к счастливой жизни.

УРОК, СОСТОЯЩИЙ ИЗ БЕСЕДЫ И ОБСУЖДЕНИЙ

Прежде всего, в школе жизни нет «уроков», как мы их себе представляем. Учителя не ведут фронтальное обучение, а беседуют с детьми. Класс с доской нередко сменяется школьным двором или парком. Из процесса учебы практически исключена единственная сегодня «позиция»: учитель стоит перед детьми, а те, сидя за партами, смотрят на него, как на изваяние. Нет, время течет в общих обсуждениях и беседах, проникнутых ощущением равенства и взаимного уважения.

В какой форме проводятся обсуждения?
Будь то в классе или на природе, все сидят в кругу, как равные. Все видят всех, никто не впереди и не позади. От урока к уроку дети меняются местами, чтобы лучше познакомиться друг с другом и комфортно чувствовать себя среди всех товарищей.

В каждой группе по десять человек. Вместе с тем в течение дня составы групп должны меняться, чтобы процесс был как можно более открытым и динамичным. Не надо приписывать ребенка к определенному классу на годы вперед. Все эти «первый А», «второй Б» должны отойти в прошлое. Наоборот, ребенку нужно показывать, что вся школа – это одно целое, в котором нет разграничений. Всё открыто для всех.

Из-за жесткого разделения на классы дети лишь теряют уверенность в себе. Они привыкают к определенной группе сверстников так же, как к своей кровати или своей комнате. Им очень трудно избавиться от этой подспудной принадлежности и уверенно чувствовать себя в другом окружении. Зависимость от искусственно заданного формата не исчезает и тогда, когда человек выходит из детства.

Зачем нужно так много обсуждений?

Прежде всего потому, что их польза научно доказана. Ученики, ведущие разносторонние беседы по изучаемой теме в малых группах обсуждения, демонстрируют намного более высокую успеваемость по сравнению с теми, кто учится по старинке. Если вам интересно, их показатели на 50% выше[48].

Однако польза от обсуждений не ограничивается пониманием материала. Как пишет проф. Эми Гутман, президент Университета Пенсильвании, входящая в число ведущих умов, занимающихся образованием, «обсуждение – это важнейший инструмент для понимания себя и друг друга»[49].

Дискуссия позволяет ребенку изучать свой мир и свои наклонности, учиться владеть собой, правильно выражать свои мысли и общаться с другими детьми. Когда ставится какой-либо вопрос, дети помогают друг другу находить решение и благодаря взаимной поддержке развиваются столь стремительно, что это можно проследить воочию. Обсуждение помо-

---

48   Ш. Шерн и Ш. Дов (1990), «Совместное обучение в маленьких группах: обзор методик и исследования», Иерусалим, педагогический секретариат, Министерство образования и культуры.

49   Э. Гутман (2002), «Демократичное обучение», Тель-Авив, «Рабочая библиотека», с. 23-24.

гает каждому выразить себя по-своему, требует от каждого откликнуться на услышанное, рассказать о своих впечатлениях и даже написать несколько предложений или сделать рисунок на затронутую тему.

Чтобы помочь детям проявить себя с наилучшей стороны, мы должны готовить их к таким беседам. Ребенку необходимо заранее знать тему урока, чтобы успеть подумать и решить, что́ он скажет. Этому надо уделить особое время в процессе учебы. Все по очереди отвечают за подготовку краткого обзора темы, связанной с изучаемым материалом, и вопросов для совместного обсуждения с товарищами. Так, постепенно, дети научатся выражать свое мнение перед аудиторией, обороняться и наступать в дебатах, а по сути, пробовать себя во всех ролях, которые мы должны играть в рамках общества.

Нужно ли сменять тему на каждом уроке?

Необязательно исчерпывать каждую тему до дна. Иногда стоит продолжить ее обсуждение в другое время или на другом уроке. Здесь важно помнить, что жесткое расписание, требующее разрешить заданное число вопросов в указанные сроки, заставляет ребенка бежать от ответственности и дожидаться звонка. С другой стороны, если дети поймут, что проблема не исчезает по окончании урока, они почувствуют себя участниками глобального процесса под названием «жизнь», от вызовов которого не скроешься за ширмой. Оказывается, проблемы, которые возникают между нами, рано или поздно все равно придется решать. Причем решать вместе.

Очень рекомендуется делать видеозаписи бесед, которые проводят наставники и дети. Это позволит всему классу просмотреть урок позднее и оценить его «со стороны»: как протекала беседа, как участники кооперировались между собой, правильно ли они выражали свое мнение, старались ли понять друг друга. Благодаря этому урок принесет максимальную пользу.

Более того, дети смогут возвращаться к старым записям, чтобы проверить, изменилось ли их отношение к тому или иному предмету. Через месяц-другой, а то и через год-два они увидят себя уже в новом свете – разумеется, не для конфуза, а чтобы проиллюстрировать развитие как естественный процесс, который в них протекает. Это будет действительно взгляд со стороны, настоящая перспектива, которая многое объясняет и ставит на свои места.

Что это вы всё об учениках? А как насчет учителей?

Скоро мы поговорим о них поподробнее, а пока уточним лишь, что они называются «воспитателями» и в каждой группе их должно быть, по меньшей мере, двое. Кроме того, в помощь им желательно дать хотя бы одного специалиста-психолога, который будет следить за развитием каждого ребенка.

Следует также отметить, что начиная с трехлетнего возраста и до 12-13 лет рекомендуется не перемешивать мальчиков и девочек, поскольку им, естественным образом, требуются разные виды контента. Как показывают многочисленные исследования, совместная программа только запутывает их и затрудняет учебу[50]. Наставникам тоже стоит разделиться: воспитатели – к мальчикам, а воспитательницы – к девочкам. Так они будут способствовать правильному развитию детей и прокладывать им прямой путь к последующим этапам.

Когда дети начинают поднимать вопросы полового характера, настает время готовить их к возрасту полового созревания. Объединять их вместе рекомендуется только после соответствующей подготовки, когда они уже научились правильным взаимоотношениям, основанным на уважении друг к другу.

К возрасту 12-13 лет следует серьезно расширить обсуждения, касающиеся близких отношений и сексуальной связи, объединить потоки и начать на деле готовить их к созданию семьи. Далее мы еще вернемся к этому.

---

50   Vail, K. (2002). Same-sex schools may still get a chance. Education Digest, 68(4), 32-38; Mael, F.A. (1998). Single-sex and coeducational schooling: Relationships to socioemotional and academic development. Review of Educational Research, 68, 101-129; Warrington, M. & Younger, M. (2001). Single-sex Classes and Equal Opportunities for Girls and Boys: Perspectives through time from a mixed comprehensive school in England, Oxford Review of Education, 27(3), 339-356.; Sax, L. (2000). Single-sex Education. The World and I. 257-269, Washington: August, а также многие другие исследования.

УЧИТЕЛЬ – ПРЕЖДЕ ВСЕГО ВОСПИТАТЕЛЬ

> «Одна из грубейших ошибок – считать, что педагогика является наукой о ребенке, а не о человеке».
>
> Януш Корчак

Некоторые взрослые по сей день носят в себе образ любимого учителя – особенного человека, сумевшего пленить их сердце и вдохновить на выбор жизненного пути. Посчастливилось ли и вам встретить Учителя с большой буквы? Возможно, нескольких? Или ни одного?..

Настоящим воспитателем надо родиться. Как сказал один очень уважаемый мною наставник: «Воспитатель – это человек, который чувствует, что власть должна принадлежать не ему, а любви».

Воспитатель – это призвание, которое требует от человека широкого видения жизни, понимания современных процессов, глубокого знакомства с миром и природой. Он должен ясно представлять то состояние, к которому ведет ребенка. Его задача – помогать детям на пути к высокой цели единения, не загоняя их при этом в стандартные шаблоны, подавляющие врожденные способности и таланты. Одним словом, воспитатель – это мастер, скульптор душ человеческих, виртуозно ваяющий человека не по собственному подобию, а по задаткам и качествам ребенка.

Как это делается?

Оптимальный путь – правильно использовать социум. Все мы знаем, в том числе и по собственному опыту, как важно для детей окружение сверстников и старших ребят. Психология развития отмечает, что с возрастом влияние семьи уступает место влиянию «группы равных» – других детей, с которыми ваш ребенок говорит на общем языке и разделяет общие сферы интересов. Проницательность наставника кроется в его способности формировать из класса настоящее общество, микрокосм, полноценную каплю человечества, каким оно должно быть, – а самому оставаться в тени, за кулисами.

Для этого он должен приравнять себя к детям и стать для них «старшим товарищем». Иначе, его будут воспринимать просто как учителя из мира взрослых – тех, с чьим мнением не считаются. С другой стороны, если чересчур принизить себя, авторитета это не добавит. Ребенок должен чувствовать, что воспитатель разделяет его мировосприятие, а значит, равен ему. Лишь тогда ученик примет учителя как настоящего товарища и откроется его влиянию.

Воспитатель должен участвовать во всех мероприятиях школьной программы, повсюду сопровождать детей, делать всё как они, буквально перемешиваться с ними – но вместе с тем мягко натягивать бразды правления, направляя их в нужную сторону и создавая новые модели поведения. С этой целью нужно поднимать в кругу детей вопросы, которые позволят им время от времени обсуждать между собой различные темы ключевого характера.

Единственное различие, которое должно ощущаться между воспитателем и детьми, состоит в том, что воспитатель, основываясь на своем опыте, может немного больше рассказать об их общем пути к любви и отдаче. Таким образом, рядом со старшим товарищем ребенок получает пример следующей ступени, к которой он должен стремиться. Став полноценным партнером на пути к настоящей, большой цели, наставник вселяет в своих воспитанников уверенность и неподдельную гордость.

АТМОСФЕРА В ШКОЛЕ: СОРЕВНОВАНИЕ ЗА ВКЛАД В ОБЩЕЕ ДЕЛО

Сегодня мы подстегиваем детей к тому, чтобы преуспевать поодиночке. В основе обучения лежит амбициозность: кто быстрее схватывает, больше знает, лучше запоминает и получает самые высокие отметки, тот считается успешным в глазах системы, а, следовательно, и в глазах учеников.

Кроме того, система оценивает личные достижения ребенка в сравнении с другими учениками. Это не только вызывает в нем стремление к успеху, но и неизбежно заставляет его надеяться на неудачи или хотя бы недочеты у других. «Соревновательная концепция, укорененная в школе, – подметил писатель Альфи Кон, один из пионеров прогрессивного образования в США, – учит детей тому, что одноклассники являются потенциальными препятствиями для их личного успеха»[51].

Этот разрушительный подход, закладываемый с детских лет, вызывает самые разные негативные последствия, включая социальные и экономические кризисы настоящего времени. Амбиции, выросшие на столь нездоровой почве, будут подтачивать и рушить основы нашего общества, пока мы в корне не изменим изначальную предпосылку.

Значит, отменяем конкуренцию?

Ни в коем случае. Нужно лишь осуществить тонкую настройку, вернее, перенастройку, изменив цель конкуренции на противоположную. Отныне подлинный успех измеряется по способности ребенка к интегральному участию в жизни общества, по умению помогать и действовать в общих интересах. Как показало важное исследование в области соперничества и сотрудничества, чтобы создать в классе позитивную атмосферу, полезную для всех детей, следует задействовать следующую формулу: чем сложнее учебная задача, тем важнее должна быть поддержка со стороны одноклассников[52]. Тем самым, из случайного сборища индивидуалистов, конкурирующих между собой, класс превратится в семью, все члены которой тесно связаны и зависят друг от друга.

---

51 Kohn, A. (1993). Is Competition Ever Appropriate in a Cooperative Classroom? Cooperative Learning, 13(3).

52 Ip, Y. K. (2003). Facilitating Students' Learning: Cooperation or Competition. Ideas on Teaching. vol. 1.

Если ребенок увидит, что его успех кроется в успехе группы, если почувствует поддержку и любовь товарищей, которые ждут от него такой же поддержки и ничего более, – он расцветет вместе со всеми, вместо того чтобы замыкаться в себе и комплексовать.

Как же дать почувствовать ребенку, что его успех – это успех группы?
Прежде всего, отменяем все отметки и экзамены! Ведь в нашей школе ценятся не знания и не личные данные, а только совместные достижения[53].

Новейшие исследования в области детской интеракции показывают, что групповое обучение не только создает позитивную атмосферу, но и улучшает индивидуальные ощущения, а также повышает самооценку и личные качества каждого из членов группы[54].

В рамках групповых заданий и упражнений надо предоставлять каждому ученику возможность внести свой вклад в общий успех – в той области, где он может наилучшим образом реализовать себя. Тогда каждый почувствует себя в классе на своем, особом месте и с радостью будет играть отведенную только ему роль в общем действе.

---

53 Tinzmann, M.B., Jones, B.F., Fennimore, T.F., Bakker, J., Fine, C., & Pierce, J. (1990). What Is the Collaborative Classroom? NCREL, Oak Brook, Illinois.

54 David W. Johnson, Roger T. Johnson, «An Educational Psychology Success Story»: Social Interdependence Theory and Cooperative Learning, «Educational Researcher» 2009; 38; 365.

Однако всегда есть люди, отличающиеся более яркими способностями. Они проворнее, смышленее других, они лучше усваивают информацию. Как же привести всех к общему знаменателю?

«Волшебная формула» состоит в том, чтобы оценивать каждого ребенка только по его стараниям, по желанию принести пользу обществу, а не по врожденным задаткам. Воспитатели должны транслировать детям четкое послание: доброе намерение и желание помочь важнее результата.

Слышу язвительное замечание читателей:

– Мы знаем, куда ведет дорога, вымощенная благими намерениями.

Суть дела в том, что мы обучаем ребенка, прежде всего, правильному подходу к жизни. Практическое обучение, разумеется, тоже никто не отменял.

Нам нужно научиться помогать нашим детям, чтобы они правильно использовали все свои естественные наклонности – включая зависть, честолюбие и тому подобные – на благо общества. Мы вводим в школе новую шкалу ценностей, согласно которой уважения заслуживает тот, кто особо проявил себя, стараясь помочь другим, поддержать других, создать позитивную атмосферу в группе. Стоит даже раздавать почетные грамоты отличникам по отдаче.

Если в школе царит дух взаимопомощи, все завидуют отличившимся и хотят повторить их успех. В результате дети начинают испытывать гордость за свой вклад в общее дело и стыд за вред, причиненный другим. Ребенок теперь оценивает себя по тому, как он относится к ближнему, – и это дает ему возможность выйти из собственных тесных границ. Он учится и растет в радости, ведь вся его жизнь – это незабываемая история дружбы, которая крепнет день ото дня.

Не помешает ли это детям добиваться успеха во взрослом мире?

Такой подход, безусловно, уменьшит в них желание расталкивать и топтать других в погоне за выгодой. Но разве это плохо?

Сегодня человек эгоистически сравнивает себя с окружающими: ему хорошо, когда он имеет какое-либо преимущество перед ними, и плохо, когда преимущество у них. Исследования в области общественных наук показывают, что человек предпочитает зарабатывать меньше, если он все же опережает коллег, нежели больше, но с отставанием от них. А в итоге, как мы уже говорили, подобное отношение вовсе не делает его счастливым[55].

Новое воспитание предлагает смену парадигмы: от использования ближних к заботе о благе общества. Благодаря этому дети поймут корень проблем, с которыми сталкивается мир взрослых, и научатся строить иные взаимоотношения – как социального, так и делового характера.

Представьте себе: с ранних лет ваш ребенок на практике знакомится с реалиями интегрального мира: что вредит обще-

---

55 В этой связи см. сборник статей нобелевского лауреата по экономике Даниэля Канемана «Рационализм, честность, счастье» (2005), а также многие другие исследования.

ству, то вредит и ему, а действия на пользу общества, напротив, несут ему выгоду и признание. Достаточно вырастить на этих принципах одно поколение – и наше общество кардинально изменится в лучшую сторону.

ДЕТИ РЕШАЮТ КОНФЛИКТЫ

Я знаю, что вы думаете: одно дело – рисовать утопичные картинки, и совсем другое дело – воспитывать детей, взаимные контакты которых чреваты многочисленными конфликтными ситуациями.

Как правильно уладить конфликты между детьми?
Ключ кроется в совместных обсуждениях случившегося. Нет ничего плохого в том, что два ребенка ссорятся друг с другом. Это даже хорошо – ведь именно обсуждение данного конкретного случая научит их верному подходу и покажет, как в целом решать подобные проблемы.

Обсуждение надо проводить по четким правилам:
• решение принимается совместно всеми детьми;
• в разборе определенного происшествия участвуют замешанные в нем стороны;
• «приговор», выносимый коллективно, является исправлением, а не наказанием – и по букве, и по духу;
• в процессе обсуждения дети, не участвовавшие в конфликте, искренне сочувствуют участникам и переживают за них;

- целью дискуссии является анализ проблемы, породившей ссору, и извлечение уроков на будущее для всей группы.

В итоге дети вместе обнаруживают, как подшучивает и насмехается над ними эгоистическая природа, как она подчиняет их своей власти и разобщает, вызывая вспышки и срывы. Но вместе с тем они находят возможность отделить ее от себя, учатся манипулировать внутренним «вредителем», который вносит меж ними разлад, и выбирать любовь на фоне неприязни и ненависти.

Что делать, если ребенка захватил водоворот чувств и он не в силах выбраться оттуда?

Тогда наставник должен войти в его положение, дать ребенку почувствовать, что он с ним заодно – он даже ведет себя так же. А потом постепенно начать отходить от нездоровой линии поведения, шаг за шагом продвигаясь вместе с воспитанником обратно к группе, понемногу смещая ракурс, меняя картину, смягчая его взгляд на жизнь. И так, пока ребенок не успокоится в достаточной степени, чтобы снова влиться в общество сверстников.

Задача воспитателя – создать такие условия, чтобы ребенок мог посмотреть на себя объективно, со стороны, и вместе с товарищами извлечь из ситуации урок и максимальную пользу для своего развития. Дети должны понимать, что они не защищены от собственной природы, и потому им нужно сообща принимать решения и действовать против «вредителя», который то и дело поднимает в них голову.

На этом пути ребенок начинает сознавать, что, помимо физического тела, в нем есть человек, стремящийся к чему-то иному, более высокому, чем животные позывы, толкающие его на ссоры с товарищами. Внутри себя он проводит разделение между природным началом и человеком, закладывая тем самым главную основу всего воспитания.

Детям рекомендуется иметь «книгу законов», в которую они заносят свои выводы и добавляют новые параграфы по следам каждого группового обсуждения. Важно, чтобы они сами приходили к необходимости изменить устаревшие нормы или усовершенствовать определенный свод правил. Эта работа будет развивать их ускоренными темпами. В сущности, каждый день они могут начинать с чтения устава, чтобы напомнить каждому о принятом обязательстве – поддерживать любовь и взаимосвязь между товарищами.

В конце дня стоит подытожить сделанные за последнее время выводы и выносить предложения о новых законах, которые принимаются всем обществом с целью подъема над эгоизмом к объединению.

Желательно выделять, по меньшей мере, час в день на обсуждение тех вопросов, которые поднимают сами дети, стремясь улучшить свою жизнь и взаимоотношения в группе. В это время они смогут ободрить друг друга и поучаствовать в импровизированном судебном процессе в роли судей, истцов или ответчиков.

Каждый случай они должны рассматривать и расследовать отдельно и по существу, однако выводы и заключения, напротив, должны иметь более обобщенный характер, связанный с общим знаменателем всех их проблем. Так молодое поколение будет учиться мыслить, учиться преодолению, а главное – выстраивать в своей среде модель исправленного общества.

ПОДХОД К УЧЕБЕ

Учеба – это процесс, по ходу которого мы придаем детям правильный взгляд на жизнь. А потому учебные предметы должны иметь отношение к жизни ребенка – иначе он не поймет, зачем нужно их изучать. Каждый предмет, так или иначе, должен отвечать на вопрос: «Для чего мне это надо?», «Как это связано со мной?».

Желательно уже с 6-летнего возраста начать говорить с детьми о жизни, постепенно расширяя их восприятие и кругозор. Кроме того, как мы уже говорили, в определенный день недели нужно выезжать с ними на природу для игр и разрядки, посещать музеи, планетарий, бассейн, театр и так далее.

Во время этих прогулок дети будут знакомиться с жизнью, а по их завершении обсуждать ее грани: «Для чего это существует? Где мы были и что делали? Что делают там взрослые, и зачем они это создали?»

Ключевой принцип в школе жизни – четкое разделение между воспитанием и общим образованием. Это два разных «царства», и даже учителя в них разные. Но в то же время педагоги, преподающие физику, математику, биологию, литературу и прочие предметы, не ограничиваются своей профессиональной областью. Они должны служить примером для ребенка и демонстрировать ему широкий взгляд на жизнь, они должны проявлять терпимость, быть профессионалами в своей области, а главное – уметь совмещать изучаемый предмет, естественный или гуманитарный, с воспитанием детей.

Помимо багажа знаний, им необходимо понимать, что они живут в реальности, представляющей единый механизм, единую сферу, в которой всё подчинено гармоничному взаимодействию. Чтобы наслаждаться жизнью в этой сфере, надо правильно вписаться в ее гармонию – проявить в группе такое же равновесие, такую же взаимную заботу и любовь.

Не следует учить ребенка тому, что жизнь делится на отдельные сегменты, рассматриваемые предметами учебной программы. Ведь природа – это цельная система, органичными частями которой являются неживой мир, флора, фауна и человек. Наш узкий взгляд на вещи проводит искусственные границы там, где их в действительности не существует. А потому все уроки должна пронизывать общая нить, явственное ощущение, что на самом деле мы изучаем один предмет – как будто рассматриваем один сверкающий бриллиант, поворачивая его к свету разными гранями.

Но самое главное – учитель должен снова и снова объяснять детям связь между изучаемым материалом и жизнью в обществе. Например, чтобы биология стала для них действительно нужным предметом, можно рассказать о взаимозависимости клеток тела, и вообще частей любой природной системы, после чего перейти к современному обществу, которое тоже – не исключение.

При изучении истории можно показывать, как эгоизм влиял на историческое развитие человечества, ускоряя технический прогресс и в то же время вызывая войны и революции. На уроках географии можно объяснять ученикам процесс глобализации и демонстрировать им разветвленную систему связей между странами мира. Постепенно дети поймут, что все мы зависим друг от друга и оказываем друг на друга взаимное влияние.

Даже физкультура не останется в стороне: возможно, именно командные спортивные игры привьют детям уважение к сотрудничеству и совместной работе.

Каждый урок должен демонстрировать детям выгодность общих интересов и целостного, холистического взгляда на вещи по сравнению с эгоистическим существованием, которое вредит другим и бумерангом возвращается, чтобы ударить по тебе самому. Ведь, в конечном счете, мы сами заставляем себя страдать, нарушая хрупкое равновесие системы и сталкиваясь с самыми разными проявлениями этого дисбаланса, включая экологические бедствия, войны, болезни и пузырящуюся в агонии экономику.

ГЛУБОКАЯ СВЯЗЬ МЕЖДУ ВСЕМИ ЯВЛЕНИЯМИ БЕЗ ИСКЛЮЧЕНИЯ

Детям постарше стоит предоставлять возможность с учебником в руках объяснить группе закон природы, лежащий в основе того или иного явления. Ведь ничто не происходит без причины. В конечном счете, на нас воздействует универсальный, всеобщий закон природы, увлекающий всех к равновесию и подобию ей.

С другой стороны, если показать ребенку какое-либо явление, не поговорив о его подоплеке, то в наших объяснениях останется недоговоренность, и в подсознании ребенка повиснет вопрос, невыразимый и гнетущий в своей неразрешимости.

Воспитатель должен пробуждать этот вопрос раз за разом: «Для чего? Почему? В чем связь между вещами? Отчего всё именно так?» А затем – побуждать детей к обсуждению, дискуссии, живой беседе, чтобы понять в итоге: природа – это интегральная система, сбалансированная и цельная.

Кроме общепринятых предметов, школы должны проводить занятия по таким специальностям, как графика, интернет, фото- и видеосъемка, музыка и киноискусство. Не стоит забывать также о танцах, рисовании, пении и игре на музыкальных инструментах.

Дети должны уметь выражать свои мысли устно и письменно, напрямую и творчески, должны учиться выступать перед публикой. Всё это для того, чтобы лучше понимать других, устанавливать контакт, налаживать связь, и вообще правильно интегрироваться в общество.

С той же целью надо обучать их психологии, социологии, общественным наукам и политологии. Нужно беседовать с ними об институте семьи и о проблемах переходного возраста – с наступлением соответствующего периода. Молодой человек должен понимать себя, свое тело и свою личность, понимать требования, которые предъявляет к нему общество, и взаимозависимость между ним и всеми остальными людьми в мире.

Всё должно быть очень просто: это наш мир, и я являюсь его интегральной, неотъемлемой частью. Наряду с этим надо учитывать задатки, способности, таланты и склонности каждого ребенка в сфере искусства, науки или техники. Однако учитывать так, чтобы дети понимали: всё это вторично по сравнению с главной задачей – стать Человеком.

Особое время следует посвящать наиболее интересующей ребенка теме – ему самому. Важно отвечать на его естественные вопросы, например: «Почему вообще я должен ходить в школу?», а также уделять внимание его эмоциональному складу – источнику желаний, мыслей и внутренних импульсов. Постепенно он научится иметь дело с самим собой и преодолевать эго, которое разобщает людей.

Процесс этот должен изобиловать играми, видеоклипами и примерами, соответствующими порогу любопытства и темпу жизни современных детей. Важно, чтобы занятия буквально пестрели иллюстрациями: фотографиями, трехмерными презентациями, фильмами, роликами, историями, после которых ученики рассказывают, как они прочувствовали и поняли продемонстрированный материал.

Каждый ребенок должен иметь личное досье, отслеживающее его развитие. Благодаря этому наставники и родители смогут лучше понять, каковы его сильные и слабые стороны, чтобы точнее и эффективнее помогать ему в самореализации.

Вообще, смешанная команда специалистов позволит лучше понимать внутренний мир учеников и приглядываться к ним под разными углами зрения, иногда вмешиваясь, а иногда наблюдая со стороны, иногда диктуя темп, а иногда отпуская вожжи, иногда следуя плану, а иногда поручая группе какое-то особое задание или упражнение. Тем самым мы адаптируем учебу к культуре и особым потребностям каждого ребенка.

Человек, изучающий и понимающий свое развитие, становится многогранным, его внутренний мир расцветает яркими красками, а все школьные предметы кажутся ему легкими и доступными. Здоровый взгляд на жизнь многое упрощает и в то же время открывает новые горизонты.

СОВМЕСТНЫЕ ТРАПЕЗЫ

Еще одна интересная черта школы жизни – совместные обеды, которые мы назовем более высоким словом – трапезы.

Трапеза в нашей школе – это не просто принятие пищи, а еще одна возможность для объединения. Никто не замыкается в себе, а вернее, в своей тарелке – напротив, дети обедают вместе, и это оставляет в них неизгладимое впечатление, важное и серьезное. Постепенно, благодаря примеру и сопровождению наставников, трапеза превратится в настоящий праздник. Прислушайтесь к его отголоскам уже сейчас: веселые разговоры, смех, песни…

Неслучайно на протяжении всей истории во многих культурах трапезы были замечательным средством общения и объединения людей. Стоит возродить эту традицию, чтобы учить детей делиться и обогреваться теплом сердец.

Итак, что у нас в меню? Еда, подаваемая в школьной столовой, должна быть стандартной и здоровой, вкусной и питательной. И вместе с тем ее должно быть в меру. Так молодой человек привыкнет к тому, что питание – это естественный процесс, переусердствовать в котором совершенно неуместно. Со временем дети обнаружат, что правильное питание позволяет телу в точности чувствовать, что́ ему требуется и в каком количестве. Важно оградить детей от искусственной еды, которая массово производится главным образом затем, чтобы наживаться за счет их здоровья.

Возможно, это тема кажется нам второстепенной, однако совместная трапеза может сыграть решающую роль в формировании правильных шаблонов питания, которые останутся с человеком на всю жизнь. Кроме того, она закладывает основы единства – как в детском сознании, так и на практике. С помощью трапезы, идя от внешнего к внутреннему, мы можем многое изменить в лучшую сторону, создавая атмосферу, в которой ребенок более естественно относится к себе и к другим.

РОДИТЕЛИ КАК ПАРТНЕРЫ

Какое место и какая роль отводится родителям в школе жизни?

В расписание учебного дня рекомендуется внести постоянные часы, во время которых родители смогут посетить своих детей и даже дать им урок, либо получить урок от них. Кроме того, психолог, работающий с детской группой, должен будет посылать родителям ежедневный или еженедельный отчет о том, как продвигаются дела у их ребенка. Не ограничиваясь несколькими словами, этот отчет будет представлять исчерпывающую информацию, которая вовлечет родителей в педагогический процесс и сделает их его полноправными участниками. Психолог порекомендует им, как и на чем сосредоточиться, расскажет о переменах, которые происходят с их ребенком, и о темах, которые обсуждаются с ним в школе.

В любом случае, важно, чтобы родители не опровергали принципы объединения и любви, прививаемые в школе. Если семейные разговоры идут вразрез с установкой системы воспитания, ребенок начнет пренебрегать тем, что происходит в школе, и ему будет трудно объединяться с товарищами.

Более того, как следует из теории экологических систем, разработанной известным психологом проф. Ури Бронфенбреннером, несоответствие или конфликт между окружающими системами, даже если каждая из них в отдельности действует безупречно, может вызвать негативные последствия в развитии ребенка.

С другой стороны, системы, сотрудничающие и согласованно действующие на благо развития и воспитания, несут ребенку пользу, усиливая взаимный положительный эффект. Поэтому так важна координация между тем, что происходит в семье и в школе. Благодаря отчетам родители постепенно познакомятся с учебным процессом, прочувствуют его и смогут ненавязчиво вплетать его нити в семейную жизнь.

РАЗДЕЛЕНИЕ НА ВОЗРАСТНЫЕ КАТЕГОРИИ

До сих пор мы говорили о школе вообще, а теперь поговорим о важности разделения на возрастные группы и о воспитательном значении этой разбивки.

Осуществлять ее нужно по-новому, и потому рекомендуется делать группы шире, чем принято сегодня: 6–9 лет, 9–12 лет (девочки) или 9–13 лет (мальчики), а также молодежь с 12–13 лет и выше. Разумеется, внутри групп все еще сохраняются существенные возрастные различия, вследствие чего, при изучении тем, связанных с развитием ребенка, следует сужать диапазон.

В целом, благодаря такой структуре младшие будут брать пример со старших, поскольку дети по природе хотят походить на больших. Таково основное преимущество разделения. Однако для этого надо проинструктировать старших, чтобы они правильно относились к своим более юным товарищам.

СТАРШИЙ УЧИТ МЛАДШЕГО

Моя добрая приятельница Лимор Софер-Петман, психолог в области прикладного воспитания и психотерапевт, рассказала мне об интересном случае, который произошел недавно между двумя ее дочерями.

– Старшая из них, первоклассница, вернувшись домой из школы, в игровой форме объясняла сестренке всё, что случилось за день. Я видела в этом не более чем простую игру, но ты не поверишь, что случилось через полгода. Младшая сестра, посещавшая тогда детский сад, выучилась читать.

– Именно поэтому, – ответил я, улыбаясь, – необходимо, чтобы старшие дети активнейшим образом участвовали в воспитании младших.

А вот еще один пример из жизни известного исследователя в области психологии развития и обучения Льва Выготского, который работал в Советской России в 20-30-х годах прошлого века. Он прожил короткую, но бурную жизнь. Несколько его исследований не совпали с линией партии, и он был сослан в отдаленную деревню, где работал сельским учителем. В его школу, представлявшую собой маленький домик, приходили дети крестьян из близлежащих деревень. Один учитель и несколько десятков учеников разного возраста.

В подобных школах совместная ответственность детей за учебный процесс выше, чем в обычных. Нужно убирать, мыть пол и выполнять другую необходимую работу. Бо́льшую часть времени дети проводят в собственном обществе, играя друг с другом и даже обучая друг друга. Что же касается учителя, он преподает не в классах, разбитых по возрастам, а в группах детей разного возраста и уровня развития, которых он должен обучать всем предметам.

На первый взгляд, можно было бы ожидать, что учебные достижения в такой школе будут намного ниже, чем в московской. Однако Выготский обнаружил, что успеваемость в его школе не только не уступает, но иногда и превышает уровень больших школ, где практикуется возрастное разделение, предметы преподаются по отдельности, а главное, задачи учителей и учеников четко разграничены: одни обучают, другие учатся.

Выяснилось, что обучение в сельской школе более эффективно, чем в обычной, потому что ведется при живом участии учеников, распространяется не сверху, а между ними, по их инициативе, с игровыми элементами.

Так что неслучайно младший брат старается подражать старшему, а мать должна «принижать» себя так, чтобы дети воспринимали ее лишь как немного более высокую. Лишь тогда она сможет на равных участвовать в их играх и придавать им курс на верное развитие. Это самая естественная форма обучения.

К сожалению, большинство школ в наши дни отводит очень мало времени и усилий на связь между различными возрастными группами. И это несмотря на то, что ведущие ученые и многочисленные исследования однозначно выявили намного более высокую эффективность такого метода. Знания и концепции, полученные от взрослых «авторитарным» путем, не усваиваются ребенком внутренне, качественно – так, как это могло бы быть[56].

Если бы школы привлекали к учебному процессу детей из старших возрастных групп, которые близки к менталитету и мировосприятию «целевой аудитории», результаты не заставили бы себя ждать.

Однако и здесь надо соблюдать четкие законы.

6-летнему ребенку 14-летние кажутся совсем взрослыми. Его уважение к ним чрезмерно, как и разрыв между ними. С другой стороны, дети 9-10 лет ему намного ближе, они и являются в его глазах примером для подражания. Их он способен понимать, у них он хочет учиться, и ему приятно, когда они относятся к нему как к товарищу, без обычного пренебрежения.

Подобный подход создает массу преимуществ. Когда старшие становятся учителями, это поощряет к учебе их самих. Мы вносим в уравнение такие переменные, как гордость, зависть, честолюбие – и при верном руководстве это ведет как старших, так и младших к замечательным достижениям.

---

[56] О подходе Пиаже и о его отличии от подхода Выготского – см.: Л. А. Серофф, Р. Купер и Г. Харт (1998), «Развитие ребенка: его природа и процесс», Раанана, Открытый университет, с. 514. См. также: Gaustad, J. (1993). Peer and cross-age tutoring. ERIC Digest, (79).

Когда 9-летний ребенок знает, что он должен дать урок 6-летнему, у него самого появляется мотивация к учебе. А поскольку младшие тянутся за старшими, они тоже захотят стать учителями и, в свою очередь, обучать тех, кто идет следом.

Не переживайте, что некоторые дети не решатся принимать в этом участия. Ощущение любви и поддержки поможет ребенку преодолеть в себе страх, опасения перед критикой и стеснительность. Он будет достаточно уверен в собственных силах, чтобы сделать первый шаг, а в дальнейшем на этом пути его ждет множество замечательных открытий.

Важно также включать в процесс дополнительные «бонусы»: пусть дети вместе поют, сочиняют истории, придумывают игры и так далее. Каждый ребенок должен реализовать весь свой огромный творческий потенциал. Сегодня мы не предоставляем ему такой возможности, и в этом одна из причин его робости и страха открыться перед другими.

Как готовить ребенка к проведению урока?

С полной серьезностью, так же как готовят учителя в педагогическом институте. Дети должны тщательно расписать весь ход урока, решить, сколько времени они отведут на объяснения, сколько – на вопросы, на упражнения и на обсуждения, где можно будет сымпровизировать и где – проявить творческий подход. Необходимость заинтересовать своих подопечных заставит их отыскивать адекватные примеры и иллюстрации. Их образ мысли намного ближе к ученикам, чем образ мысли взрослого учителя, – и это еще больше расцветит учебу.

Чтобы повышать профессионализм маленьких наставников, рекомендуется снимать урок на видео, а затем вместе обсуждать его – но только осторожно и дипломатично, чтобы не подорвать их уверенность в себе.

Опыт учительской работы вызовет у ребенка уважение к профессии, а главное, научит тому, как надо учиться. Ведь учеба и преподавание неразрывно связаны между собой. Более того, самая качественная учеба произрастает из обучения других. Кто не умеет сам давать уроки, тому намного сложнее усваивать учебный материал, подытоживать и упорядочивать его для себя.

И еще один положительный момент: благодаря преподаванию старшие дети начинают испытывать ответственность за младших.

Изучая эту форму занятий, ученые обнаружили, что:
• учебные программы, составляемые старшими, со временем всё лучше фокусируются на их воспитанниках;
• старшие чувствуют настоящую ответственность за младших;
• отношение наставников к преподаваемому предмету меняется в лучшую сторону;
• педагогические воззрения старших значительно расширяются;
• старшие становятся более самостоятельными и более ответственно относятся к своей собственной учебе;
• не понимая чего-либо на занятиях в своем классе, старшие наставники обращаются за помощью друг к другу, а не к учителю;

- поставленная задача заставляет наставников вместе составлять стратегию обучения и искать решение возникающих проблем[57].

Есть какая-то особая роль у учеников на подобных уроках? Или они остаются статистами?

В школе жизни не бывает статистов. Младший может придавать направление старшему с помощью правильных вопросов, и вообще, повышать его преподавательскую квалификацию. Точно так же наши дети делают нас взрослыми и учат быть родителями. Со временем между юными учителями и учениками установятся плодотворные взаимоотношения, базирующиеся на взаимном респекте и признании. Они даже будут советоваться друг с другом и делиться впечатлениями.

За непродолжительное время старшие станут своего рода консультантами для маленьких, помогая им на основе личного опыта, давая свежие и ясные примеры, рассказывая понемногу о том, что их ждет, когда они подрастут. В результате дети начнут сознавать, что они переживают процесс роста, развития. Прослеживая, как меняется с годами их мировосприятие, они очень быстро пройдут этапы внутреннего взросления, которые в обычных условиях занимают долгие годы и к тому же, как правило, остаются незавершенными.

---

57   Schneider, R. B., & Barone, D. (1997). Cross-age tutoring. Childhood Education, 73, 136-143.

И последний вопрос: сколько времени стоит посвящать такому преподаванию?

Достаточно двух уроков в неделю для каждого юного преподавателя. Причем готовиться к такому уроку ребенок должен самым серьезным образом в течение продолжительного времени.

ГЛАВА 9
ОТЛИЧИТЕЛЬНЫЕ ОСОБЕННОСТИ ВОЗРАСТНЫХ ГРУПП

Описав, как должна выглядеть школа, мы попробуем теперь приглядеться к возрастным группам и расставить в каждой из них акценты, необходимые для того, чтобы дети как можно более полно развивали свои способности, адекватные данному периоду.

6–9 ЛЕТ: СУЖДЕНИЕ И АНАЛИЗ ПО ОТНОШЕНИЮ К СЕБЕ И К ДРУГИМ

Ребенок, воспитанный по описываемой методике с детского сада, представляет собой «материал», из которого можно «лепить» будущего человека.

По мнению психологии, в возрасте от 6 до 9 лет в маленьком человеке происходит значительное изменение – выход из себя в социум. Сообразно с этим, у него развивается способность к самостоятельному анализу, личному и социальному. Хотя выше мы говорили об этом в общих чертах, стоит подчеркнуть, что данный период времени наиболее подходит для перехода к более отвлеченному воспитанию. Ведь ребенок уже способен понимать такие понятия как «общество», «смысл жизни», а также основы высшей математики и тому подобное.

На этой стадии очень важно привлекать на помощь искусство: пусть ребенок учится петь, выступать на публике, выражать себя устно и письменно. Это не только социально формирует детей, но и дает им понять, что работа в обществе идет на пользу их творческому началу.

Кроме того, в этот период нужно начать вывозить детей на экскурсии, чтобы с юных лет они знакомились с жизнью.

Если мы будем правильно развивать задатки ребенка, он поймет внутреннюю психологию, заложенную в нем и в обществе, узнает, что́ движет нами в жизни, и научится сопереживать другим в состояниях, которые они проходят.

СУДЫ ДЛЯ «МАЛОЛЕТНИХ»

Каждое наше чувство, каждая мысль обязательно состоит из сочетания двух противоположных сил или ощущений: тепла и холода, притяжения и отталкивания, ненависти и любви. Это сочетание и создает жизнь. Ведь без тьмы мы не сумели бы различить свет, а без горечи не смогли бы вкусить сладость. Относительно человека и общества необходимо выстраивать ту же схему, сочетающую суд и милосердие – критику в адрес других и сочувствие к ним.

Система оценки и анализа начинает формироваться в ребенке, когда он достигает 6-летнего возраста. А потому уже с этого времени надо работать с ним над социальными взаимосвязями и над пониманием явлений, которые он видит в обществе сейчас и увидит позже.

Вряд ли все мы знаем то, о чем свидетельствуют многие психологи: за вспышками крайнего насилия и террором стоит потребность в признании. Люди, поступающие таким образом, в конечном итоге хотят показать другим, что они особенные, хотят найти свое место в обществе. Проблема в том, что в детские годы никто не научил их, как наладить контакт с окружением, никто не объяснил им, как правильно привлекать внимание и завоевывать уважение. Этот изъян и заставляет их не гнушаться ничем в выборе средств[58].

Как же помочь нашим детям и предотвратить аналогичные негативные явления в обществе?

Ключ к ответу – ролевые игры. В рамках учебного процесса дети должны «разыгрывать» случаи, с которыми они сталкиваются в жизни: проявления зависти, властолюбия, силового подхода, лжи и обмана. Инсценировав эти состояния, дети попробуют затем вместе провести социальный анализ каждого конкретного случая. Почему это произошло? Из чего проистекает? Возможно, из нашей природы? Если да, то можем ли

---

[58] См. например: P. Fonagy, M. Target, M. Steele, H. Steele, «The Development of Violence and Crime as It Relates to Security of Attachment», inside: Joy. D. Osofsky, «Children in a Violent Society», New York, Guilford, 1997.

мы приподняться над ней? Не в этом ли и заключается предназначение человека?

Класс должен создать нечто вроде «сценической судебной палаты» для разбора случаев насилия или воровства. Так, например, один ребенок может сыграть драчуна, а другой – потерпевшего. Кроме того, в представлении будут участвовать «мать» избитого и «отец» избившего. Другие дети исполнят роли адвокатов, прокуроров, судей, присяжных заседателей и так далее.

По ходу «судебного процесса» актерам нужно со всей серьезностью погружаться в образ, предъявлять доказательства своей правоты, утверждать, что другого выхода не было. По завершении первой части судебного заседания нужно отвести время для того, чтобы все немного успокоились, а затем сменить роли: скажем, если полчаса назад ребенок представлял обвинение, то теперь должен сыграть отца «подозреваемого». Таким образом, дети смогут видеть себя в зеркале разных ролей. Это вызовет интересные вопросы: «Раньше я думал, что он ошибается, а теперь уверен, что он прав. Как такое может быть?»

Лишь тогда описываемый процесс станет чем-то бóльшим, чем просто игра. Ролевые впечатления будут помогать ребенку в понимании жизни, а точнее, в ощущении и понимании ближнего. Внезапно он осозна́ет, что и другие могут быть правы, хотя сейчас он не соглашается с их мнением. Ребенок знает, что завтра он сам может оказаться в другом состоянии, и это открывает ему окошко в интегральный мир всеобщего взаимопонимания.

Подобные упражнения научат ребенка общаться с самыми разными людьми, даже если они противостоят ему или ненавидят его. Понимая, что все мы проходим множество состояний, он станет терпимо относиться к тому, что раньше вызвало бы в нем гнев или раздражение.

Всё это спасет ребенка от косности, свойственной взрослым. Мы уже привыкли к определенному взгляду на мир, к нормам, стереотипам и незыблемым правилам, которые сформировали нашу личность и мир, в котором мы живем. Именно поэтому мы улавливаем лишь узкую, одноцветную часть широкого спектра реальности. В отличие от нас, дети, не опасающиеся перемен, открытые изменчивому миру, получат поддержку от самой природы и обнаружат в ней целые пласты, скрытые от нашего замыленного взгляда.

Это понимание можно назвать «началом человека в ребенке». Почему? Потому что «человек» – это тот, кто способен приподняться над своими «животными» желаниями и порывами, взглянуть на себя сверху, с более широких позиций, и оттуда вынести себе оценку.

Какова роль воспитателя в ролевых играх?

Он должен обеспечивать деловой, практичный ход обсуждения, чтобы все понимали тему «слушаний», обстоятельства дела и тому подобное, не распыляясь ни на что другое.

Сколько времени может продолжаться игра?

От нескольких минут до двух часов, после чего дети могут приступить к обсуждению пережитого.

Какие принципы нужно при этом соблюдать?

Ключевой принцип – связь обсуждаемой темы с миром детей. Кроме того, тема должна соответствовать их уровню и пониманию. Главное, чтобы они поняли: у другого человека тоже может быть свое мнение, и это вполне легитимно. Все мы люди, у всех нас есть слабости, проблемы и не самые любимые стороны. Подобные игры позволят нам исправить то, что требует исправления, проявить хорошие стороны каждого и выделить именно их.

А как быть, если в ребенке проснется гордыня, скажем, после отлично сыгранной главной роли?

Нужно организовать вокруг него театральную игру, которая в точности покажет ему, как он выглядит, когда важничает.

9–13 ЛЕТ: В ПРЕДДВЕРИИ ПЕРЕХОДНОГО ВОЗРАСТА

Этот период наиболее важен для воспитания. У нас еще сохраняется доступ к детям этой возрастной категории: пусть они уже достаточно самостоятельны, и мы не даем им нескончаемых указаний, все-таки они слушают нас и принимают нашу «юрисдикцию»[59]. Исследования показали, что в этом возрасте сверстники во многом определяют поверхностные

---

[59] Л. А. Серофф, Р. Купер и Г. Харт (1998), «Развитие ребенка: его природа и процесс», Раанана, Открытый университет, с.554.

шаблоны поведения и одежду ребенка, однако родители остаются главным авторитетом во всем, что касается ценностей[60].

С другой стороны, начиная с 13 лет дети превращаются во взрослых людей, живущих в мире собственного контента. Тогда нам намного сложнее влиять на них и прививать какие-либо представления.

ПОМОЧЬ ИМ СПРАВИТЬСЯ С БЕСПОКОЙСТВОМ

Самая важная задача этого периода – подготовка к возрасту возмужания: к взаимоотношениям в социуме, к созданию семьи (нет, это не опечатка), а на более позднем этапе – и к сексуальным отношениям. В этом возрасте идут непрерывные физиологические процессы, в избытке порождающие беспокойство и вопросы. Гормональные изменения вызывают у детей раздражительность, мир начинает «нервировать» их.

«Что со мной происходит? Зачем мне нужны представители / представительницы противоположного пола? Какими должны быть правильные взаимоотношения с ним / с ней, и как их выстраивать?» Кроме того, в это время начинают дуть первые ветры, которым в итоге суждено вывести новый кораблик из Родительской бухты в море Независимости. Друзья и приятели набирают вес в жизни ребенка, а родители, наоборот, теряют его.

---

60   Brittain, C. V. (1963). Adolescent choices and parent-peer cross-pressure. American Sociological Review, 28, 385-391.

Зачем нужны столь радикальные перемены? Почему бы детям не расти без лишних волнений и тревог?

В разные возрастные периоды природа воздействует на детей совершенно по-разному и пробуждает в них иные порывы и желания. Мы не можем предотвратить эти резкие и внезапные метаморфозы. Вместо того чтобы сражаться с порывами, импульсами и целыми пластами желаний, неизбежно раскрывающимися в ребенке, нам нужно уравновешивать их правильным, системным подходом.

На чем стоит сосредоточиться в работе с детьми?

На понимании происходящего, на многочисленных беседах о мире и об их проблемах, на том, чтобы укоренять в детском сознании правильное отношение к обществу. Фильмы, музыка, учебные рамки – всё должно вести ребенка к комфортному, сбалансированному состоянию, к миру с собой, с семьей, с противоположным полом и с окружением вообще.

ПОКАЗЫВАТЬ ИМ ВЕСЬ СПЕКТР ЖИЗНИ

Постепенно, по мере развития, нужно показывать детям мир, в котором они живут: вывозить их в суды, в больницы и другие организации.

В этот период уже можно выезжать в «серьезные» места, которые будут формировать у ребенка более широкий взгляд на жизнь. Он должен понять, как устроено общество, что происходит с людьми, которые негативно к нему относятся, какие правила и законы действуют во взрослом мире.

После каждой поездки дети расскажут друг другу о том, что видели и чувствовали, попробуют копнуть чуть глубже, разбирая свои впечатления. После этого групповой психолог обработает полученные материалы и на их основе сделает выводы о том, как надо продолжать работу с детьми.

Современный человек видит по телевидению и в интернете искаженные картины реальности, искусственные шаблоны красоты и человеческих взаимоотношений. Поверив в них, он начинает воспроизводить экранные сценки в жизни – и круг замыкается. Не спасает даже более трезвое отношение к продукции СМИ и киностудий – все равно их напор проникает в подсознание. Иммунитета нет ни у кого.

Чтобы помочь человеку, вовсе не требуется закрывать кинотеатры и отключать телевидение. Нужно лишь модифицировать контент, вывести на экран другие примеры, изменить подачу, которая сама есть инструмент воздействия. В итоге дети будут учиться правильному отношению к семье, к обществу, к стране, к своему народу, к миру и к себе самим.

Ребенок должен чувствовать, что его обучают жизни, а не теории. Так он станет психологом самому себе – ведь наша способность справляться с жизненными трудностями зависит от самопознания: ребенок изучает, исследует, понимает свою суть, раскрывает себе себя. Благодаря этому он сможет объективно оценить, как смотрят на него другие и как сам он смотрит на общество.

ЗАВИСТЬ, СТРАСТЬ И ЧЕСТОЛЮБИЕ

Для возраста 9–13 лет характерна склонность привлекать внимание и разбиваться на группы с более и менее «популярным» составом. Самое лучшее лекарство в данном случае – показать детям, что тщеславие, завистливость и прочие подобные качества являются частью нашей природы. Желая внимания к своей персоне, глумясь над кем-то или делясь на «классы», мы становимся рабами своего эго. Желание рассмешить всех проистекает из потребности во внимании. Желание продемонстрировать свое геройство – плод честолюбия.

Как только дети поймут истоки всех этих явлений, им захочется подняться на такой уровень, где *они* будут властвовать над своей стихией, а не стихия – над ними. Тогда-то они и найдут настоящее наслаждение и настоящий вызов. Они сфокусируются на своей внутренней баталии, на скрытой от посторонних глаз игре, которую Человек в них ведет с эгоизмом, снова и снова пытающимся высмеять всё, что не желает подчиняться его юрисдикции.

Еще один способ справиться с подобными ситуациями – направить их в обратном направлении: побудить группу к совместному отклику. «Если Алеша требует к себе внимания, давайте уважим его и посмотрим, как он отреагирует». Разумеется, такое отношение должно строиться на любви и участии – тогда оно действительно подтолкнет ребенка к внутренним переменам.

Речь идет о настоящем вызове: надо выстроить из класса мини-общество, познающее свою природу и природу окружающего общества. Благодаря этому дети будут смотреть на жизнь взвешенно и с пониманием, зная, что ключ к миру и покою кроется в них самих.

ПОДГОТОВКА К СЕМЕЙНОЙ ЖИЗНИ

Чтобы подготовить молодых людей к следующему этапу, мы должны использовать хорошие и плохие примеры из семейной жизни – рассказывать молодым людям о будущих взаимоотношениях, которые они еще не испытали. Необходимо дать им целую серию уроков, последовательно объясняющих психологию двух полов.

Такие определения как «красота», «преимущество», «уважение», «внимание» по-разному воспринимаются мужчинами и женщинами. В результате обоюдное непонимание вызывает ошибки и нереальные требования к противоположному полу. Поэтому мы должны приучить детей видеть себя и мир своими глазами, а также глазами другого пола – чтобы со временем они смогли установить между собой правильный контакт.

В наши дни и детям, и взрослым очень недостает знакомства с внутренним миром мальчиков и девочек, мужчин и женщин – знакомства с целью установить между ними гармоничные отношения. Один мой товарищ, по профессии психолог и психотерапевт, рассказал о 30-40-летних людях, которые приходят на прием к психологу и ведут себя, как маленькие дети. Совершенно не представляя, что супруг смотрит на них другим взглядом, они предъявляют стандартные претензии: «Я так стараюсь сделать ее жизнь хорошей и приятной, а она этого не замечает и требует от меня совершенно других вещей…»

Если бы уже с детства мы начали понимать друг друга, то относились бы к представителям другого пола с чуткостью и уважением – что естественно, ведь благодаря такому отношению человек достигает гармонии, внутренней и внешней. Тем самым мы решили бы бо́льшую часть проблем во взаимоотношениях полов, поскольку они вытекают именно из взаимного непонимания.

ПРАВИЛЬНОЕ ОТНОШЕНИЕ К ПОЛОВОМУ ВЛЕЧЕНИЮ

Одна из характерных проблем данной возрастной категории – гормональный всплеск. Если мы не поможем подросткам разряжать свое внутреннее напряжение, это помешает им фокусироваться на учебе, а возможно нарушит весь распорядок их жизни.

Правильное отношение к этой проблеме должно выражаться в открытости и объяснениях, а не в замалчивании. Ведь человек по природе тянется к тому, что от него скрыто. Свободная, открытая беседа, наоборот, сократит ореол таинственности и охладит страсти.

Всеми возможными способами мы должны разъяснять, что речь идет о естественных ощущениях, и учить, как правильно справляться с ними. Это позволит высвободить немало времени и душевных сил ребенка.

Как же быть с шалящими гормонами?

В числе вариантов: показать детям фильмы о зачатии и половых отношениях, давая объяснения по ходу просмотра. Помимо прочего, благодаря этому дети почувствуют, что от них не утаивают важные для жизни вещи. В период, когда определяется их отношение к противоположному полу, важно, чтобы они знали об этом предмете как можно больше – разумеется, сообразно со своим возрастом и в правильной подаче. Это избавит их от многих характерных проблем.

Можно также давать подросткам естественнонаучные и психологические объяснения о том, что два пола олицетворяют две противоположные части природы, которые должны восполнить друг друга. Одна часть не в силах достичь равновесного, совершенного состояния в одиночку – они сделают это только вместе, путем правильного, гармоничного объединения. Поняв это уже в юном возрасте, дети выполнят «домашнее задание» и позднее сдадут предмет на «отлично».

МАЛЬЧИКИ И ДЕВОЧКИ: КОГДА ВМЕСТЕ И КОГДА ВРОЗЬ?

Начиная разговор о половых отношениях, необходимо разделить мальчиков и девочек. Ведь девочки никогда не спросят о том, что их интересует, в присутствии мальчиков; а мальчики будут стараться произвести впечатление на девочек.

На первых уроках с мальчиками должны работать мужчины, а с девочками – женщины. Далее можно сочетать наставника и наставницу в паре – но опять-таки отдельно для мальчиков и отдельно для девочек. Лишь на третьем этапе возможно смешение разнополых групп, однако вместе с тем всё должно происходить деликатно и естественно.

Например, можно просмотреть фрагмент фильма и обсудить тему. Важно, чтобы дети могли реагировать: кричать, смеяться, соглашаться и спорить. Несмотря на гомон и гвалт, послание все равно проложит себе дорогу. А в будущем, когда кто-то из них столкнется в жизни со сходной ситуацией, он будет знать, как к ней отнестись.

Нужно профессионально подготовить воспитателей, чтобы по часу в день они могли свободно говорить с детьми о половых вопросах, предоставляя возможность для открытого обсуждения внутренних перемен, раскрывая природную подоплеку явлений, рассказывая о мотивах и побудительных причинах происходящего. Нет ничего важнее, чем позволить молодым людям просто и свободно поговорить на эту тему.

Ежедневное часовое обсуждение успокоит их и позволит сосредотачиваться на других важных вещах.

Посмотрев на дело взглядом сверстников, подросток поймет, что здесь нет повода для чрезмерного возбуждения, – и тогда его напряженность спадет. Ну а в противном случае внутреннее давление может выплеснуться наружу в самый неожиданный момент.

Молодые люди должны понимать, что в них, как и во всех живых существах, заложены различные начала и наклонности, и относиться к этим свойствам нужно соразмерно: «Да, эта тема занимает меня, однако в жизни есть и другие дела». На обсуждениях подросток будет чувствовать, что взрослые не навязывают и не избегают тех или иных тем, а напротив, предлагают рациональный и взвешенный взгляд на жизнь во всем ее разнообразии.

РОЛЬ СЕМЬИ

Чтобы поддержать и укрепить всё то, что дает школа, необходимо окружить ребенка хорошими примерами семьи и товарищей. Верные образцы взаимоотношений, постоянно возникающие перед глазами, покажут ему, что таковы нормы общества. Увидев пример, не связанный с ним напрямую, ребенок получит еще большее впечатление, чем от любого другого воспитательного приема, и начнет понимать, как нужно относиться к супругу или супруге.

Более того, если мы обратимся к детям со всей серьезностью и будем на равных обсуждать интересующие их темы, они почувствуют в нас настоящих собеседников и будут рады поделиться своими впечатлениями и переживаниями, вопросами и проблемами.

Важно понимать: хотя многие школьные психологии признают, что отдаление подростков от родителей необходимо для того, чтобы в них формировалась самостоятельная личность, – тем самым лишь констатируется факт разорванной связи между поколениями. С другой стороны, если вести воспитание с учетом аспектов развития и взросления ребенка, придавая ему при этом ощущение тепла и уверенности в лоне семьи, если родители для него будут не только «предками», но и хорошими товарищами, тогда он не почувствует нужды удаляться от них в поисках независимости.

Именно открытость в таких областях как секс, половое созревание, взаимоотношения полов, семейные отношения, позволит нам протянуть особую ниточку связи между поколениями и во многом помочь личному развитию наших детей.

В доказательство приведем данные исследования, проведенного несколько лет назад. Оказалось, что подростки, сохраняющие крепкую связь с родителями, проявляют в своей жизни бо́льшую самостоятельность, чем те, кто с родителями, напротив, «не контачит». Чем больше подросток общается с папой и мамой, делясь с ними своими удачами, бедами и сомнениями, чем больше он участвует в семейной жизни, тем самостоятельнее становится в личном и экономическом плане, в повседневной жизни и профессиональной подготовке. В нем растет чувство зрелости, а в дальнейшем он устанавливает крепкую и интимную связь с сексуальным партнером. С другой стороны, подростки, отбившиеся от родителей, иногда делают свой выбор не на базе подлинной самостоятельности, а просто из желания воспротивиться родительским ожиданиям[61].

13-20 ЛЕТ: ВЫБОР ПРОФЕССИИ И ПРАВИЛЬНОЕ ОТНОШЕНИЕ К СОВМЕСТНОЙ ЖИЗНИ

Это всегда удивительно: не успели мы оглянуться, а наше любимое чадо, наш птенец уже вымахал выше нас на целую голову, у него уже есть свои твердые убеждения, свой мир, свои ценности. Еще мгновение – и он упорхнет из гнезда. И все же, глядя на него снизу вверх, мы не можем избавиться от вопроса: как помочь ему, чтобы свои юношеские годы он провел в радости? Как облегчить ему вступление в жизнь?

Прежде всего, давайте набросаем общий фон картины. В эти годы человек переживает естественный этап своего гормонального и психологического развития. Начинается этот этап у подростка 12-13 лет, а заканчивается в 20 лет уже у взрослого человека.

---

[61] А. Янир (2007), «Зрелость произрастает в общей системе: задачи развития и семейная динамика», работа на докторскую степень, Хайфский университет.

В сущности, речь идет о самой последней возможности повлиять на молодых людей, прежде чем они начнут самостоятельную жизнь. Нужно правильно подготовить их к этой самостоятельности, взрастить в них чувство долга по отношению к работе, к ведению домашнего хозяйства, к семье, обществу, стране и так далее.

По окончании школы они должны разбираться в жизненном укладе, включая семейные и социальные отношения. Чрезвычайно важно готовиться к этому уже в школьные годы – не только для того, чтобы понимать мир, в который они вступают, но и затем, чтобы вплетать в него доверие, уважение и любовь.

В преддверии зрелости молодые люди должны начать самостоятельную жизнь в обществе, чтобы обрести профессию и создать семью. Даже если некоторым из нас трудно с этим свыкнуться, они готовы к этому, они уже повзрослели…

ВЫБОР ПРОФЕССИИ

Причина нетерпеливости современного поколения кроется в его непрестанно растущих желаниях, которые уже не удовлетворить стандартными возможностями нашего мира. С детских лет человека начинают терзать вопросы: «Куда пойти? Какую профессию выбрать? Чем заняться в жизни? Чем я смогу наполнить себя?»

Молодежь смотрит на людей, считающихся в обществе преуспевающими – например, врачей, бухгалтеров, работников хай-тека, архитекторов, – и видит, что их рабочий день, как правило, начинается с утра, а заканчивается неизвестно когда. Молодые люди не хотят так много работать, не хотят гнаться за стандартами успеха, которые придумал себе мир взрослых. Им попросту неясно – для чего это?

А потому мы должны создать для наших детей такое общество, в котором выбор профессии, какой бы прибыльной она ни была, не ограничивается денежной стороной вопроса, а обусловлен более важным критерием – отрадой для души. Человеку нужно научиться получать удовольствие от профессии, которой он занимается. Десять его рабочих часов могут и должны стать часами творчества, вне всякой зависимости от рода деятельности, будь то живопись, программирование или электросварка.

Секрет кроется в том, насколько специальность объединяет человека с другими. Если он почувствует, что вносит вклад в общество, помогает людям наладить связи и тем самым содействует природной гармонии, тогда он получит от своей работы наивысшее удовлетворение. Дело тут не в специфике профессии, а в психологии, во внутреннем отношении, которому и надо учить подростков.

В действительности до 13 лет у ребенка проявляются все его естественные наклонности, и потому уже с этого времени школьные воспитатели и родители могут помогать ему в развитии врожденных способностей, чтобы вместе с ним найти ту сферу деятельности, которая его удовлетворит.

На практике рекомендуется предоставить молодым людям возможность испытать себя в нескольких профессиях и не стеснять их одним узким руслом. Для этого, в рамках школьного обучения, нужно интегрировать их в ВУЗы, чтобы они смогли опробовать различные варианты. Пускай посещают открытые лекции с широким спектром тем: физика, химия, история, искусство, компьютеры, спорт – проще говоря – всё. В итоге они обретут полный набор средств, позволяющих со спокойной душой выбрать себе профессию. Фактически, этому должен быть посвящен первый год во всех высших учебных заведениях. Вместо того чтобы сразу втискивать человека в крошечную ячейку общей таблицы, нужно дать попробовать себя в разных областях.

И еще одно: в правильном обществе не взимают денег за учебу. Государство берет оплату на себя, поскольку его руководители понимают, что молодые люди должны быть свободны в изучении выбранной профессии, благодаря которой в будущем они принесут пользу окружающим.

Как я уже отмечал, помимо профессиональных курсов, эту возрастную категорию надо обеспечить курсами по ведению домашнего хозяйства и семейной жизни, по социальной интеграции и тому подобным. В этот период школьная жизнь должна сопровождаться непрестанными объяснениями: как выстроены правительственные структуры, как действует судебная система, как обращаться в полицию или к адвокату, как вести себя с банками и страховыми компаниями, каковы наши основные гражданские права и так далее. В отличие от сухого теоретического подхода, принятого сегодня, эти занятия нужно сочетать с практикой, приближая их к реальной жизни.

В завершение этой части – несколько слов о профессии, которая должна стать самой почетной в обществе, желающем растить счастливых детей: «воспитатель». Процесс воспитания начинается с вести о беременности, и даже раньше, и продолжается следующие двадцать лет. За это время супруги сами становятся настоящими наставниками. Развитие молодых людей, только что вышедших в жизнь из системы воспитания, зависит от их собственного вклада в воспитание и становление юной поросли.

КОГДА ШАЛЯТ ГОРМОНЫ

Как все мы помним, в районе 11-12 лет дети переживают гормональную бурю. Можно было бы ожидать, что природа, по своему обыкновению, уравновесит этот процесс и сделает его постепенным, вместо того чтобы обрушивать на молодого человека столь мощный удар.

Однако на деле ситуация иная. В отличие от животных, в человеке природа оставляет пустоту, которую мы должны заполнять сами, но не поодиночке, а, что называется, всем миром.

Поэтому, объясняя молодым людям, чтó с ними происходит, нужно также разделять мальчиков и девочек во время занятий. Каждый учитель знает, что в этом возрасте достаточно одного смешка, чтобы отвлечь внимание всех мальчиков класса… Однако дело не ограничивается одной лишь учебой.

В смешанном окружении гормональный всплеск вызывает у подростков непрестанный и нездоровый ажиотаж в связи с различными аспектами отношений между полами: как они выглядят, кто наиболее популярен, как привлечь к себе внимание, как избежать стыда и тому подобное.

Представьте себе, что вас поместили в такую среду, которая постоянно будит сексуальные порывы и путаные мысли и в то же время заставляет соперничать в учебе – и так по восемь часов в день. Разве не почувствовали бы вы себя изнуренным и выжатым, как лимон? Ведь каждому человеку нужно немного покоя, немного времени на мысли и мечты, немного меньше конкуренции и соперничества, немного больше умиротворенности, вместо постоянного давления и сумбура.

Разумеется, мы не собираемся делать из школьников монахов. Разделение рекомендуется только во время учебы. Их потребность во взаимосвязи может найти себе выражение в вечерние часы, во время совместных экскурсий, развлечений и тому подобного.

В предыдущей главе мы упомянули об еще одном средстве, которое поможет детям спокойно пережить период взросления: нужно снять с секса ореол таинственности, инициировав его открытое и свободное обсуждение. Благодаря этому подростки поймут, что речь идет всего лишь об игре гомонов, которые и кружат им голову из-за парня или девушки. Гормоны заставляют нас смотреть на жизнь сквозь призму своего возбуждения, как через цветные очки.

Кроме того, важно объяснять подросткам, что принятые сегодня стандарты красоты и привлекательности установлены другими людьми, а не какими-то объективными факторами. В действительности не существует идеальных людей, хотя нам и пытаются продать эту идею. А потому во взаимоотношениях с противоположным полом нет причин требовать совершенства от себя и других. Напротив, нужно сохранять трезвый и реалистичный взгляд на этот аспект человеческой жизни.

ВЫБОР ПАРТНЕРА ПО ЖИЗНИ

Чтобы помочь молодым людям в понимании принципов выбора партнера по жизни, рекомендуется провести с ними разъяснительную работу о современных взаимоотношениях, выстроенных на «коммерческой» основе. Когда мужчина женится на красивой женщине только из-за ее красоты, или когда женщина выходит за мужчину только из-за его богатства, – они, по сути, «продают» себя. Без обиняков: супруги платят им своей красотой или своими деньгами. Стоит также заранее сообщить молодым людям, что красота – вещь относительная и с годами приедающаяся. О том, что происходит далее, свидетельствует статистика разводов.

Важно донести до них, что партнера по жизни надо выбирать не только по «внешним» признакам. В первую очередь, он должен разделять со мной общую цель, с ним мы должны будем объединиться внутренне.

Разумеется, внешняя привлекательность и взаимная тяга тоже играют роль, но если цель «двух половинок» выше личного удовлетворения, если они понимают, что могут ощутить между собой нечто более высокое, чем гормональное влечение, тогда их связь выдержит испытание временем.

Как мы с вами помним, школьная программа должна рассказывать о противоположных силах, которые действуют в природе: получение – отдача, притяжение – отталкивание и так далее. Что касается двух полов, их различия на более низких уровнях природы носят, в основном, физический характер, тогда как на человеческой ступени мужчины и женщины совершенно по-разному смотрят на жизнь.

Фактически, мы не просто разные – мы «антиподы», и потому по-настоящему понять друг друга мы сможем, только если найдем способ преодолеть противоречия. Партнеры по жизни должны искать в своих отношениях не фантазии, а возможность восполнить друг друга. А для этого им нужно поставить себе цель более высокую, чем узкие интересы каждого в отдельности.

Ученые объясняют, что наша картина мира складывается из восприятия пяти органов чувств и зависит от них. Однако наши ощущения охватывают лишь часть общего спектра, и уже многие годы ученые ищут силу, которая объединяет все диапазоны, – силу, «вещающую» на волне равновесия и любви. Сейчас мы не улавливаем ее, поскольку противоположны ей, однако мы можем это сделать, если выстроим между нами – в обществе и в личной жизни – подлинное взаимопонимание.

Итак, дело не в возрасте. Не суть важно, на каком из этапов жизни мы вступаем в отношения или женимся. Важен тип связи, которую мы создаем и уровень нашего внутреннего развития. Нужно сформировать у молодых людей правильный подход к совместной жизни, к общей цели и к необходимому взаимодополнению. Тогда долгий, беспокойный поиск, характерный для этой возрастной категории, переместится от внешнего к внутреннему и станет основой для прочной, здоровой связи.

ВЕРНУТЬ ДЕТЯМ ПОНЯТИЕ ОБЩИНЫ

Одно из характерных явлений современности – развал понятия «общины». В старину, когда люди жили в маленьких городках и деревнях, они часто собирались на те или иные события. Они были ближе друг к другу и считали это вполне естественным. По праздникам дети сновали под ногами взрослых и пропитывались теплым чувством общей семьи.

Ну а сегодня мы одиноки и разобщены. Каждый живет одной лишь своей жизнью.

Профессор Роберт Патнэм написал об этом в своей книге «Боулинг в одиночку: коллапс и возрождение американской общины»[62]. Книга стала мировым бестселлером и повлияла на многих людей. Исследовательская группа, во главе которой

---

62 Robert D. Putnam, «Bowling Alone»: The Collapse and Revival of American Community, New York: Simon & Schuster, 2000.

стоял Патнэм, проинтервьюировала полмиллиона человек и сложила из полученных данных печальную картину: мы намного меньше, чем в прошлом, причастны к каким-либо сообществам и организациям, намного меньше действуем сообща, меньше знакомы со своими соседями, меньше встречаемся с друзьями, меньше собираемся всей семьёй. «Сегодня в боулинг играют намного больше людей, чем раньше, – говорит Патнэм, – но они играют в одиночку».

Вообще-то, мы существа социальные, однако, не зная законов природы, управляющих обществом, мы не понимаем, как надо выстраивать механизмы вокруг молодого человека – начиная с семьи и заканчивая внешними кругами родственников и знакомых. Чтобы не потерять связь с детьми, когда они повзрослеют и выйдут в жизнь, нам нужно заново создать понятие общины и семьи в широком смысле – как места, где они почувствуют себя причастными и любимыми. К сожалению, мы не сознаём, насколько это важно для ребенка.

Практически, семья в широком смысле (бабушки и дедушки, тёти и дяди…) является моделью мира, в котором мы живем. Все помнят детскую загадку про сто одёжек – вот и мир располагается вокруг ребенка слоями: в центре он сам, а вокруг, всё дальше – родители, братья и сестры, бабушки и дедушки, кузены и кузины, родные дяди и тёти. Однако эти круги не ограничиваются семейными рамками, они продолжаются и дальше. Таким образом, «общинность» укоренена в нашей природе. И потому дети должны знать и чувствовать, что, помимо родителей, вокруг них есть другие люди, которые тоже заботятся о них и поддерживают их на жизненном пути.

В идеале, «свой круг» должен постепенно расширяться до размеров всего мира. Ведь на самом деле все мы взаимосвязаны множеством нитей, пролегающих на множестве уровней связи, как и положено в единой семье.

Однако сегодня мы еще далеки от такого миропонимания, и ребенок отлично это чувствует. Пускай, он не может выразить это словами, зато очень хорошо ощущает вокруг себя пустоту одиночества и отчуждения. В душе он оторван от родителей. Ему недостает крепких уз любви, семейных встреч, примеров отцов, матерей и друзей, недостает людей, в окружении которых можно почти физически ощущать тепло и безопасность. Если мы сумеем вернуть нашим детям это чувство, им не захочется покидать свой круг в поисках чего-то лучшего.

Жизнь в любящем окружении может повлиять также на выбор профессии. Имея за спиной такую поддержку, ребенок будет чувствовать себя свободным в этом выборе, сможет верно развивать свои врожденные способности и извлекать из себя всё лучшее, что в нем есть. Он пойдет вслед за своим сердцем, а не за искусственным престижем денег и внешнего эффекта, и испытает удовлетворение, которое затронет все сферы его жизни.

Лишь тогда исчезнет пропасть, разделяющая сегодня детей и родителей, а общество станет одной сплоченной семьей – благодатной почвой для будущих поколений.

ГЛАВА 10
КЛЮЧЕВЫЕ ПРИНЦИПЫ ВОСПИТАНИЯ

Итак, что же мы узнали из этой части? Давайте перечислим самые важные принципы воспитания.

1. Окружение формирует человека. Детское окружение – основной фактор воздействия на ребенка. А потому мы должны создать из детей мини-общество, маленькую семью, в которой все заботятся обо всех. Ребенок, растущий в такой среде, не только расцветет и найдет выражение своего творческого потенциала, но выйдет в жизнь, ощущая призвание и ответственность за то, чтобы выстраивать такое же общество и вне школьных стен.

2. Пример. Дети учатся на примерах, которые подают им взрослые, включая лично наставников и родителей, а также медиаресурсы, СМИ, и прочие источники того или иного содержания.

3. Равенство. Процессом учебы управляет не учитель, а воспитатель, и хотя он старше детей, но должен восприниматься ими как «свой». Так он сможет постепенно поднимать их всё

выше. Это относится ко всем аспектам занятий. Вот один из примеров, иллюстрирующих данный принцип: на уроке дети и воспитатели сидят и беседуют в кругу, на равных. Разумеется, никто из детей не пользуется какими-либо «привилегиями», недоступными для других.

4. Стиль обучения. Дети любознательны по своей природе. Задача учителя – развивать эту любознательность, а не убивать ее. Вместо того чтобы демонстрировать свое превосходство и «ушатами» выливать знания, усвоение которых весьма сомнительно, учитель посредством наводящих вопросов и обсуждений должен помогать детям вместе друг с другом исследовать различные темы. Только так знания будут действительно усвоены.

5. Сильные стороны. У каждого ребенка свои сильные стороны, свои таланты и способности. Окружение должно поощрять его к реализации своих уникальных черт на благо общества. Тогда он по-настоящему расцветет и добьется успехов.

6. Маленькие учебные группы с несколькими наставниками. Класс из 30-40 учеников – это слишком. Детей надо разделять на группы из 10-15 человек. Каждая такая группа будет сопровождаться двумя наставниками, которые обеспечат качественное обучение, а также специалистом в области психологии развития и социальных аспектах.

7. Разделение между полами. По многим причинам, которые приводятся на протяжении всей этой книги, мы рекомендуем раздельное обучение мальчиков и девочек по программе некоторых школьных предметов.

8. Длинный учебный день. Учебный день продолжается до послеполуденных часов. На его протяжении дети учатся, отдыхают, кушают, играют и беседуют – причем всё это вместе.

9. Навыки жизни. Раз в неделю следует выводить детей за школьные стены на природу, в зоопарк, в парк, на фабрику или на завод, на сельскохозяйственную территорию, в киностудию или на место проведения съемок, в театр, в операционную, в больницу, в родильную палату, в государственное учреждение, в музей, в дом престарелых и так далее – сообразно с возрастом воспитанников. В целом, речь идет о любых местах, посредством которых можно показать детям различные процессы, составляющие круг жизни в нашем мире. Экскурсия должна сопровождаться объяснениями и последующим обсуждением увиденного.

10. Старший учит младшего. Старшие группы берут шефство над младшими, а те – над еще более младшими и так далее. Благодаря этому все почувствуют себя партнерами в общем деле, которое охватывает всю жизнь и представляет одну из основ природы.

11. **Обучение посредством обсуждений и ролевых игр.** Частью учебного процесса станет игра положений, в которые дети попадают в повседневной жизни. За игрой последует совместная дискуссия. «Облачение» в те или иные роли, разбор ситуаций, связанных с жизнью других, учит ребенка тому, что каждому человеку и каждому мнению есть место и ко всем надо относиться с терпимостью.

12. **Съемка событий.** Происходящее в классе и вне его будет сниматься при помощи детей, чтобы позволить им позже посмотреть на себя со стороны. Так они научатся анализировать себя и те перемены, которые с ними происходят.

13. **Обучение посредством игр.** Игра – это средство, при помощи которого ребенок растет, развивается и познаёт мир. А потому игры, обучающие сотрудничеству, необходимо сделать ключевым методом работы с детьми.

14. **Подготовка к семейной жизни с раннего переходного возраста.** С 11 лет и далее в школе следует вести углубленную подготовку к семейной жизни, включая необходимые объяснения, помогающие соприкоснуться с внутренней психологией противоположного пола, – чтобы создать основу для взаимопонимания.

15. **Поддержка родителей и совместная работа с ними.** Школа должна привлекать родителей к воспитательному процессу и постоянно держать их в курсе того, чем занимаются их дети: какой

контент они проходят, с какими сложностями сталкиваются. Родители, со своей стороны, должны поддерживать воспитательный процесс: беседовать с ребенком о важности ценностей и принципов, прививаемых в школе, и поощрять его, служить примером соблюдения этих принципов, и само собой, не насаждать представления, которые с ними не совпадают. Кроме того, необходимо реализовать программу инструкций для родителей, чтобы усилить взаимодействие в треугольнике ребенок-родители-школа.

В заключение: мы должны демонстрировать ребенку всё многообразие жизни и подводить его к пониманию того факта, что доброе сотрудничество с остальными наполнит его жизнь содержанием и поднимет его на новую ступень, туда, где он будет жить в мире с собой, с другими людьми и с природой. Чтобы достичь этой красоты и гармонии, нужно наладить правильные взаимосвязи с окружением, которое и есть ключ к успеху.

ПРИЛОЖЕНИЕ

АННОТАЦИИ КНИГ

ОБЕЩАНИЕ СЧАСТЬЯ
КАК СТАТЬ СЧАСТЛИВЫМ В ГЛОБАЛЬНОМ МИРЕ

Все мы понимаем, что настали новые времена, завершается прежняя жизнь с ее рамками, понятиями и ценностями. Мы еще не понимаем, что же, собственно, происходит. Однако нам ясно, что наступил переломный момент, охватывающий все сферы жизни человека, включая общество и природу.

Я предлагаю вам разглядеть в происходящем не кризис, а начало новой жизни. Предназначение этой книги – облегчить неизбежный переход, который нам предстоит, сделать нашу жизнь легче, понятнее, дружелюбнее.

ЧЕЛОВЕК – МАЛЕНЬКИЙ МИР

Представьте себе, что вы можете нажать на кнопку «Перезагрузка», и на этот раз сделать все правильно.

Большая новость состоит в том, что воспитание детей целиком связано с играми, в которых к ним относятся как к маленьким взрослым, и все основные решения принимаются сообща.

Вы будете удивлены, обнаружив, насколько обучение детей положительным вещам, таким как дружба и забота о людях, автоматически влияет на другие области нашей повседневной жизни.

ПСИХОЛОГИЯ ИНТЕГРАЛЬНОГО СООБЩЕСТВА

Мир, в котором мы сегодня живем, – глобальный, интегральный. Это значит, что все его части полностью взаимозависимы, и каждая часть определяет судьбу всех. Таким он проявился благодаря прогрессу. Абсолютная связь всех частей мира должна быть осознана нами, как факт.

Человек, который правильно войдет в интеграцию, от этого выиграет. Он не просто будет воспитанным, у него будут необходимые навыки для выживания. Выживет только тот, кто поймет, что интеграция, взаимная ответственность, уступки, объединение – это зов природы. А цель природы – привести человечество к подобию себе – к гармонии и совершенству.

РАЗВИТИЕ ЧЕЛОВЕКА ОТ 0 ДО 20

Дети – это наше будущее. В мире нашего завтра хозяевами будут они, и мы уже ничего не сможем изменить, но сегодня их развитие во многом зависит от нас.

Книга «Развитие человека от 0 до 20» прослеживает становление человека начиная с периода внутриутробного развития и заканчивая возрастом 20 лет – моментом вхождения во взрослую жизнь. Книга демонстрирует необычный и очень интересный подход к вопросам воспитания, отношение к окружающему миру. Речь идет о Законах природы, которые мы обязаны соблюдать, желаем мы того или нет, – чтобы не навредить себе. Наше благополучие зависит только от того, насколько хорошо мы знаем эти законы и их следствия.

ПОДРОСТКИ ХОТЯТ ПЕРЕМЕН

Если Вы думаете, что проблема гармоничного воспитания подростков в современных условиях практически неразрешима, то будете недалеки от истины. Но! Удивительные научные выводы и практические результаты, демонстрирующие уникальный подход к воспитанию молодежи, заставят вас изменить свое мнение.

Авторы рассматривают свою работу с подростками 12-18 лет как практическую реализацию методики интегрального воспитания – методики, необходимой всему человечеству в современную эпоху глобальных кризисов и перемен. Обсуждаемые приемы – шаг к построению общества будущего, основанного на взаимодействии всех его членов как единого целого. Общества, в котором нет места порокам и несчастью. Вы верите, что такое действительно возможно? Тогда эта книга для Вас. Эта книга для каждого, кто стремится к гармонии и совершенству.

ПРОДАВЕЦ УКРОПА, ИЛИ ПРИКЛЮЧЕНИЯ ВУДИ ФИТЧА

В стране наблюдаются поразительные аномалии. В результате этого возникают проблемы государственного и даже общемирового уровня. Профессор Маркус Беньямини собирает двенадцать детей с необычными способностями в особую школу на Заячьем Острове. Именно им, детям нового поколения, предстоит разрешить все проблемы человечества, раскрыв Главный Закон Природы. Почему именно дети? Какими способностями они обладают? Какими методами решают поставленные задачи? Почему автор произведения скрывает свое имя? Все это и многое другое вы узнаете, прочитав эту книгу.

ЭКСТРЕННОЕ СООБЩЕНИЕ

Анонимный автор «Продавца укропа» раскрывает секреты на сайте http://woodyfitch.com/

ШКОЛА ДЛЯ ВЗРОСЛЫХ

Мир стоит перед дилеммой – или абсолютное разрушение, или всеобщая, обширная созидательная работа на новом уровне. Созидательная работа означает, что вопреки всем нашим разногласиям, противоречиям, мы должны создать комфортные условия для существования каждого из нас, существования своей семьи и, исходя из этих представлений, создать точно такие же условия для существования всего человечества.

Это вполне достижимо, для этого не требуется совершать революции или проводить бесконечные совещания «восьмерок», «двадцаток» и так далее – это просто нормальная воспитательная работа.

ЗАКАЗ КНИГ

Мы рады пригласить Вас в интернет-магазин от издателя ivbooks.ru
Здесь Вы можете заказать книги по интегральному воспитанию
с доставкой почтой по всему миру.
Есть возможность бесплатной доставки курьером по Москве и России.
Заказ можно оформить на сайте или по телефону:
www.ivbooks.ru
8-800 100-21-45 – бесплатный звонок по России,
+7 (495) 649-62-10

ARI
http://www.vospitanie.tv/

Ari Institute (ARI) – некоммерческая организация, цель которой – реализация инновационных идей в образовательной политике для разрешения системных проблем современного образования и воспитания. Система образования, построенная на концепции изучения законов интегрального и взаимозависимого мира, является необходимым условием привнесения положительных изменений в жизнь человечества.

Наши разработки основаны на научной адаптации тысячелетнего опыта, который содержит системное решение современных проблем.

Мы регулярно инициируем диалог о мировом кризисе, рассматривая его как возможность произвести позитивные изменения в глобальном сознании. Во главу угла мы ставим воспитание будущих поколений с целью помочь им успешно справиться с масштабными климатическими, экономическими и геополитическими изменениями. Наши идеи и материалы доступны всем, вне зависимости от возраста, пола, вероисповедания, политических убеждений или культурных традиций и мировоззрения.

Приоритетным направлением деятельности является разработка и практическая реализация принципов глобального и интегрального образования. Ari Institute (ARI) осуществляет свои программы и без ограничений предоставляет свою базу знаний с помощью имеющихся мультимедийных каналов всему миру. Мы стремимся улучшить осведомленность людей о существующей взаимной ответственности при выстраивании отношений между собой, о необходимости быть лично вовлеченными в данный процесс. Таким образом, мы предлагаем пути решения серьезных проблем, оказывающих влияние на современное общество.

На сегодняшний день в рамках образовательных программ ARI систематически занимаются тысячи студентов из России и СНГ, а так же Северной и Южной Америки, Европы, Ближнего Востока, Австралии, Азии и Африки.

методика интегрального воспитания

СЧАСТЛИВОЕ ДЕТСТВО

Редактор: О. Ицексон
Корректоры: П. Календарев
Художественное оформление: М. Гонопольский, А. Сопов
Выпускающий редактор: С. Добродуб

ISBN 978-5-91072-048-4

Подписано в печать 07.07.2012.
Формат 60х90/16. Усл. печ. л. 25. Тираж 2000 экз.
Заказ № 1277.

Отпечатано с электронного оригинал-макета,
представленного издательством,
в ОАО «Рыбинский Дом печати»
152901, г. Рыбинск, ул. Чкалова, 8.
mail: printing@yaroslavl.ru www.printing.yaroslavl.ru

www.ingramcontent.com/pod-product-compliance
Lightning Source LLC
LaVergne TN
LVHW011937070526
838202LV00054B/4695